记忆中国·名家自述

宋宗恒 编

史家之言

吕思勉自述

河南人民出版社

·郑州·

图书在版编目（CIP）数据

史家之言：吕思勉自述 / 宋宗恒编 . --郑州 : 河
南人民出版社，2025.1

ISBN 978-7-215-13454-6

Ⅰ .①史… Ⅱ .①宋… Ⅲ .①吕思勉（1884-1957）-
自传 Ⅳ .① K825.81

中国国家版本馆 CIP数据核字（2024）第 027030号

河南人民出版社 出版发行

（地址：郑州市郑东新区祥盛街27号　邮政编码：450016　电话：0371-65788072）

新华书店经销　　　　环球东方（北京）印务有限公司印刷

开本：710 mm × 1000 mm　1/16　　　　　　　　　印张：17

字数：195千

2025年1月第1版　　　　　　　　　2025年1月第1次印刷

定价：68.00元

目 录 ▸▸▸ CONTENTS

第一辑 自述生平

第二辑　读书治学

第一辑　自述生平

自　述

予生于中法战争之时，至甲午中日战争，年十岁。家世读书仕宦，至予已数百年矣。予年六岁，从先师薛念辛先生读，至九岁。其间，薛先生因事他适，曾由史幼纯先生代馆月余。十岁，薛先生服官扬州，改从魏少泉先生读。十二岁夏，魏先生赴新疆。予父生平，不赞成人自教子弟。谓非因溺爱，失之宽纵，即因期望太切，失之过严；故余自入塾至此，皆延师于家。此时依予父之意，本欲再行延师，惟家庭经济状况，颇起变化。予家有田二十余亩，向不收租，惟俾佃户耕种，照料先茔耳。在城市中，有住宅两所，市房两所，除住宅一所自住外，余皆出租。亲丁七口，予之继祖母父母两姑一姊及予也，其后两姑皆出阁，则惟有五口。衣食粗足自给。而在予十岁时，再从伯父朗山君逝世江西。朗山君以官为家，卒后一无所有，而亲丁尚有九口。虽再从，而予家丁口少，已为最亲之一支。先君乃迎之同居。自此食指几增一倍，生活遂苦拮据。故魏先生去后，未能延师，由予父自行教授。予母及姊，皆通文墨，亦相助为理。此时予已能作文字，予父尝命予以所作就正于石小泉先生，后又使从族兄少木先生游，先后凡三年。惟皆未坐塾，但以文字就正耳。薛以庄老先生者，念辛先生之伯父，而予父之师也，予父尝从之学九年；清末，主芜湖之中江书院。予父又使予以所作文字，邮寄请正。生平就学之经过如此。予自十岁以后，家境即不佳；少时尚无公私立学校，十五后稍有之，然是时视外国文及技术，均不甚重；故生平未入学校。于外文，仅能和文汉读；于新科学，则仅数学、形学，尝问业于徐点撰、庄伯行两先生，略有所知而已。今亦强半遗忘矣。十五岁时，尝考入阳湖县学，名义上为旧式之县学生。然旧式学校，从无入学读书之事，实系科举之初阶而已。

至予之学术，则初能读书时，先父即授以《四库书目提要》。此为旧时讲究读书者常用之法，俾于问津之初，作一鸟瞰，略知全体学科之概况及其分类也。此书经史子三部，予皆读完，惟集部仅读其半耳。予年九岁时，先母即为讲《纲鉴正史约编》，日数叶。先母无暇时，先姊即代为讲解。故于史部之书，少时颇亲。至此，先父又授以《日知录》《廿二史札记》及《经世文编》，使之随意泛滥。虽仅泛滥而已，亦觉甚有兴味。至十六岁，始能认真读书。每读一书，皆自首讫尾。此时自读正续《通鉴》及《明纪》。先父授以汤蛰仙之《三通考辑要》。予以之与元本对读，觉所辑实不完具，乃舍之而读元本。此为予能自读书之始。甲午战时，予始知读报，其后则甚好《时务报》。故予此时之所向往者，实为旧日所谓经济之学。于政务各门，皆知概略，但皆不深细；至于技术，尤必借他人之辅助，仅能指挥策画而已。此在今日崇尚技术之时言之，实为不切实用，但旧时以此种人为通才，视为可贵耳。予如欲治新学术，以此时之途辙言之，本应走入政治经济一路。但予兼读新旧之书，渐觉居今日而言政治，必须尊崇从科学而产生之新技术，读旧书用处甚少。初从水利工程悟人，后推诸军事，尤见为然；又予论政治利弊，好从发展上推求其所以然；亦且性好考证，故遂逐渐走入史学一路。自二十三岁以后，即专意治史矣。予亦略知经小学。此由在十七岁时受教于丁桂征先生而然。先生为予母从姊之夫，于经小学极深沉。但前人虚心，无著述，略有读书札记，暮年客广东时，又毁于火耳。予从先生问业后，亦曾泛滥，略有所得。但至后来，仅成为予治古史之工具耳，不足专门名家，于思想亦无大关系。予于文学，天分颇佳。生平并无师承，皆读书而自之。文初宗桐城，后颇思突破之，专学先秦两汉，所作亦能偶至其境。诗少好宋诗，中年后亦好唐诗，但无功力，下笔仍是宋人境界耳。词所造甚浅，亦宗常州而薄浙派。要之，予可谓古典主义文学之正统派。予于文学，未常用功，然嗜好颇笃；于新文学最无嗜好。读新文学书，极少极少，因总觉其繁冗而乏味，故不终卷而辄弃去也。予对一切学问之顽固而拒不接受，无如对新文学者。此于予亦为一种损失。然习惯已深，恐不易改矣。此本不必与通知旧文学有关，然予自行检点，此两者似有关系，以两物相形，厚于此，不得不薄于彼也。

…………

予之思想，凡经三大变。成童时，最信康梁之说。予生平不喜访知名之士，人有愿下交者，亦多谢绝之，以泛泛访问，无益于问学修为也。故于康梁两先生，皆不识面。然在思想上，受两先生之影响实最深，虽父师不逮也。此时所笃信而想望者，为大同之境及张三世之说。以为人莫不欲善，世界愈变必愈善；既愈变而愈善，则终必至于大同而后已。至于大同世界，究系如何情状？当由何途以赴之？尔时年少，不知考虑也。年十七，始识从母兄管达如君，管君为谢钟英先生之弟子。钟英先生者，利恒君之父，予识利恒君，亦在此时也。钟英先生亦治史学，以考证名，而实好谈旧日之经济。其言治道，信法家及纵横家之学。予自达如君获闻其说。惟予与达如，均不信纵横家，只服膺法家耳。法家之说，细别之，又可分法术两派，而予所服膺者，尤为术家。此时循中国旧说，以为凡事皆当借政治之力改良之，然政治上的弊病，则皆由于在执者之自利。故非有督责之术，一切政事，皆不能行；强行之，非徒无益，且又有害。盖此时年事稍长，能就社会情状，加以观察，故其见解如此也。此时之见解，今加检讨，实有超阶级之思想；而异时信阶级及阶级斗争之说，亦未尝不于此伏其根源。何者？术家精义，在臣主异利四字。所谓臣者，非指一定之人，但指处一定地位之人耳。故先秦法家所谓朋党，与后世所谓朋党者，其义大异。后世所谓朋党者，皆因一时之利害，有意互相结合，先秦法家书中之朋党，则其人不必互相知，更不必有意相比，但所处之地位同，故其利害同，利害同，故其行动自然一致耳。此非今日所谓阶级之义乎？何以去此阶级？在今日，则重被压迫阶级之自行斗争，在昔时，则望有一大公无私者，立于最高地位而制裁之。此大公无私者，何以能大公无私乎？则曰天下自有此一种人耳。故曰有超阶级之思想也。予因此信仰，故在政治上，流为开明专制主义，后虽闻欧美政治家言，此思想亦未曾变。以为在君主专制之国，改善政治，所希望者为贤明之君相；在立宪之国，则所希望者为有一贤明之中坚阶级耳。予之以中国旧说与西方旧民主主义革命之说互相结合，其略如此。大同之希望及张三世之说，此时并未放弃，不过不暇作深远之思考，但以改善政治，为走向大同之第一步耳。此予第二期之思想也。马列主义初入中国，予即略有接触，但未深究。年四十七，偶与在苏州时之旧同学马精武君会晤，马君劝予读马列主义之书，予乃读之稍多。于此主义，深为服膺。盖予夙抱大同之愿，然于其可致之道，及其致之之途，未有明确见解，至此乃如获指针也。予之将马列主义与予旧见解相结合融化，其重要之点如下：（一）旧说皆以为智巧日开，则诈欺愈甚。智巧不开，无以战胜自然，诈欺日甚，亦将无法防治，此为旧日言大同终可致者根本上最难解决之问题。得今社会学家之说，乃知诈欺之甚，实由于社会组织之变坏，非由于智识之进步；而智识之进步，且于社会之改善，大有裨益，将根本之难题解决。（二）超阶级之观点，希望有一个或一群贤明之人，其人不可必得；即得之，而以少数人统治多数人，两力相持，其所能改革者，亦终有一定之限度；此限度且甚小，只及于表面之一层；即其本意所求者，亦不过两阶级可以勉强相安，非真能彻底改革，求底于平；而即此区区，仍有人亡政息之惧。今知社会改进之关键，在于阶级斗争，则只要有此觉悟，善之力量随时具足；且其改革可以彻底，世界乃真能走向大同。（三）国家民族之危机，非全体动员，不能挽救，而阶级矛盾存在，即无从全体动员。（四）目前非爱国爱民族不可，而旧时之见解，爱国爱民族，易与大同之义相龃龉。得马列主义，乃可以并行而不悖。（五）求诸中国历史，则自王巨公以前，言政治者本重改革制度。尔时政治，所包甚广，改革政治，亦即改革社会也。自巨公失败后，言改革者，不敢作根本之图，乃皆欲从改良个人入手。玄学时代已然，承之以佛学而益甚。宋儒虽辟佛，于此见解，亦未改变。然历史事实证明此路实为绝路。故今日之社会主义，实使人类之行动，转变一新方向也。

…………

……予于教学，夙反对今人所谓纯学术及为学术而学术等论调。何者？人能做实事者多，擅长理论者少。同一理论，从事实体验出者多，且较确实，从书本上得来者少，且易错误。历来理论之发明，皆先从事实上体验到，然后借书本以补经验之不足，增益佐证而完成之耳。故致力于书本，只是学术中一小部分。专以此为学术，于学术实未有知也。予之宗旨虽如此，然予之性质，实近于致力书本之人。故历来教学，亦只能教人读书。此观与我亲近之旧同学，皆系好读书之人可知。予虽教人读书，并不主脱离实际。且恒戒学者：学问在空间，不在纸上。须将经验与书本，汇合为一，知书上之所言，即为今日目击之何等事。此点自问不致误人。然全然破除经生门面，只重知识，而于书本则视如得鱼之忘筌，则病未能也。高深之学理，以浅显之言出之，讲授时亦能之。但将所授之内容，减低程度，亦嫌不足。向持中道而立，能者从之之见。此点，实尚未适宜大多数人也。

予之述作，有下列诸书：（一）《中国文字变迁考》。论篆隶真行草之变迁，其中论汉代所谓古文一段，自谓颇有价值。（二）《字例略说》。此书论六书之说，为汉代研究文字之学者所创；字例实当别立；六书中惟象形为文，指事亦字；及整理旧说，辅以新得材料，以论文字之增减变迁：自问亦足观览。

（三）《说文解字文考》。文为单体，其一部分成为中国之字母，既非说文之部首，亦非普通所谓偏旁。当从现存之字中句求得之，然后用为识未识文字之基础。予就《说文》一书试为之。

（四）《章句论》。论章句二字之本义，即今之标点符号。中国古亦有标点符号，而后钞写、印刷时，逐渐失之。今钩求得若干种，于读古书时补上，可使意义较明显。此事前人虽略引端倪，从未畅论。拙作出版后，亦未见有续论者，至少值得一览也。

（五）《白话本国史》。此书系将予在中学时之讲义及所参考之材料，加以增补而成。印行于一九二一或一九二二年，今已不省记矣。此书在当时，有一部分有参考之价值，今则予说亦多改变矣。此书曾为龚德柏君所讼，谓予诋毁岳飞，乃系危害民国。其实书中仅引《文献通考·兵考》耳。龚君之意，亦以与商务印书馆不快，借此与商务为难耳。然至今，尚有以此事诋余者。其实欲言民族主义，欲言反抗侵略，不当重在崇拜战将。即欲表扬战将，亦当详考史实，求其真相，不当禁遏考证也。（六）《中国通史》。予在大学所讲，历年增损，最后大致如是。此书下册仅资联结。上册农工商、衣食住两章，自问材料尚嫌贫薄，官制一章，措词太简，学生不易明了，余尚足供参考。（七）《先秦史》。此书论古史材料、古史年代、中国民族起源及西迁、古代疆域、宦学制度，自谓甚佳。（八）《秦汉史》。此书自问，叙西汉人主张改革，直至新莽；及汉武帝之尊崇儒术，为不改革社会制度而转入观念论之开端；儒术之兴之真相；秦汉时物价及其时富人及工资之数；选举、刑法、宗教各章节，均有特色。
（九）《两晋南北朝史》。此书自问，总论可看。此外发见魏史
之伪造及讳饰、表章抗魏义民、表章陈武帝、钩考物价工资资产
及论选举制度皆佳。论五胡时，意在激扬民族主义，稍失其平，
因作于日寇入犯时，不自觉也。异日有机会当改正。（十）《中
国民族史》。此书考古处有可取，近代材料不完备，论汉族一
篇，后来见解已改变。（十一）《先秦学术概论》。近来论先秦
学术者，多侧重哲学方面，此书独注重社会政治方面，此点可
取。（十二）《理学纲要》。近人论理学之作，语多隔膜，此书
自谓能得其真。惟只及哲学，未及理学之政治社会方面为缺点。
（十三）《史通平》。以现代史学观点，平议，推论，亦附考据
辩证。（十四）《经子解题》。论读古书方法及考证古籍、推论
古代学术派别源流处，可供参考。（十五）《燕石札记》。考证
尚可取，论晋人清谈数篇，今日观之，不尽洽意。以上一至五，
十二至十五，商务出版。六至九开明出版。十、十一世界出版。
三未出版。此外单篇散见报章杂志者，一时不能尽忆，然不多
也。诗文附日记中，日记几全毁于日寇，恐所存已仅，至今未能
搜葺也。予所述作，多依附学校讲义而行，故中多普通材料。现
甚想将其删去，全留有独见之处，卷帙可简什七，即成精湛之作
矣。少时读史，最爱《日知录》《廿二史札记》，稍长，亦服膺
《十七史商榷》《癸巳类稿》，今自检点，于顾先生殊愧望尘，
于余家差可肩随耳。今人之屑屑考证，非顾先生所不能为，乃顾
先生所不欲为也。今人自诩搜辑精博，殊不知此等材料，古人既
得之而复弃之者多矣，此意予亦老而后知。然后知少无名师，精

力之浪费者多也。

今后之希望，道德贵于力行而已，不欲多言。学术上：（一）欲删定旧作。（二）夙有志于将道藏之书，全读一过，未能实行。今后如有此日力，仍欲为之。所谓道教者，包括从古以来杂多之宗教，自亦有其哲学思想；与佛教又有犬牙相错处，与农民豪杰反抗政府之组织及反动道门，皆有关系，而至今无人研究，使此一部分，成为中国学术上之黑暗区域。政治史，社会史，宗教史，哲学史，亦咸留一空白。予如研究，不敢望大有成就，必能透出一线曙光，开后人研究之途径也。不知此愿能偿否？马列主义，愧未深求。近与附中李永圻君谈及。李君云：学马列主义，当分三部分（一）哲学，（二）经济，（三）社会主义。近人多侈谈其三，而于一二根柢太浅。此言适中予病，当努力补修。

选自《吕思勉遗文集》，华东师范大学出版社1997年版

青年时代的回忆

几行衰草迷烟柳，一片斜阳下酒楼，又是深秋时候。

这使我回忆起青年时代的情景来了。一个小小的镇市，镇的西尽头，有两间破旧的楼屋。这楼其实不高，因其在镇的尽头，更无遮蔽了，望出去，却觉得空旷。楼屋既旧，屋中桌椅等的陈旧破败，更不必说。然而镇上只有这一个酒家，沽些村醪，亦略有些下酒物，如豆、花生之类。要吃热菜，却没有了，除非是到外面小饭店去叫。爱喝酒的人，约几个朋友，到那里去高谈阔论，猜拳行令，每人喝上两三斤酒，固然是好的。假使醉翁之意不在酒，独自踱得去，靠着窗棂，拣个座儿，眺望那霜稻登场野色宽的情景，亦无不可。镇上可以眺远的建筑，除此之外，再没有了。如此行来，倒也自得其乐。如有知己的朋友，约一两个去，谈谈说说，自然更好。到暮色苍茫，大家就各自散了，或者独自回去。因为窗外再没有什么可以眺望了。除非有月色或雪景。然而乡下的市面是早的，久留于外，搅扰着人家不安，自己也觉得无谓。

家里，自然也有亲戚朋友来。来了，也留人家吃饭，酒不过数行，菜不过数簋。比平时吃晚饭，时间略为延长些。饭罢，回家的略坐告辞，留宿的，谈谈，也就道了安置。长夜之饮，是我在青年时代，没有看见过的。

逢时过节，大家都空着游玩，自然是比较热闹些。趁这机会做小买卖的也多，自然看见的东西，比平时要多些。然亦总不过如此，无甚可以刺激得起兴趣的。如今想起来，最使人爱恋不忘的，倒是那木刻而用套版印的图画。我那时最爱看的，是战争的事情，如关公温酒斩华雄、李元霸三锥击走裴元庆、虮蜡庙等。此项图画，小的只有现在连环图画这么大。一张纸，长约尺许，宽倍之。均分做十六格或二十格，每格各画一件故事。大的，却比方桌面还大些，只画着一件事。人物都奕奕有神，远较今日连环图画为精。

这时候的人，见闻是很窒塞的。还记得甲午战时，有些人根本不知道日本在哪里，只约略知道在东方罢了。我家里算是有书的，便翻些出来看。还有亲戚朋友来借看。我还记得：翻出来的三种书，一种是《海防论》，一种是《海国图志》，一种是《瀛寰志略》。那自然《瀛寰志略》是最新的了，然而在《瀛寰志略》中，还找不出德意志的名字。于是有人凭空揣测，说德意志一定就是荷兰。因为在传说中，德意志很强，而在《瀛寰志略》中看，荷兰国虽小，也颇强盛的，那自然是它并吞他国后改名的了。那时候，还有人说：日本的国土（这两个字，见佛家经论中。土字读去声，如杜。现在的人口中还有这句话，下笔却不会写了，便把它写作度字，度字是有可解的）比朝鲜小。因为那时候，有一种篦扇上画着中国地图，也连带画着朝鲜、日本。画到日本时，大约因为扇面有限，就把它缩小了。这时候的人，真是除科举之学以外，什么也不知道的。他们所相信的是些什么话？我现在试举几句做例。那时候，中国战败了，把台湾割给日本。刘永福据着台南抵抗，内地侈传他的战绩，真是无奇不有。有的说：刘永福知道日本的马队要来了，派几百个人，一人肩着一根竹竿去抵抗。吩咐他：见日本兵，便把竹竿抛在地下跑回来。那些人遵令行事，日本兵的马，跑到竹竿上，都滑跌了，马上的兵，都跌下来。刘永福却早在旁边埋伏了兵，一拥而出，把日本兵都打死了。又一次，日本兵在水边上，刘永福传令，收集了几百顶箬帽，把他浮在水面上，日本兵看见了，以为中国懂得水性的兵，泅水来攻了，一齐发枪射击。到枪弹放完了，刘永福的伏兵却出来，把日本又打得大败。有人说：刘永福奇谋妙算如此，政府为什么不早用他做大将呢？有人说：政府本来征求过他的意见的，刘永福要和各外国同时开仗，把他们一齐赶掉。政府认为这事太大了，所以不敢。有人说：以刘永福之才，就和各国同时开仗，怕什么？不过国运是难说的，万一打得正得手，刘永福倒病死了，那就成为不可收拾之局了。又有人说：刘永福算得什么？听说他的计策，都是一个白发的军师替他出的呢。后来刘永福内渡了，又有人说：就是这位军师，替他定下计策脱身的。因为仰观天象，知道气数如此，台湾终于不能守，不必枉害生灵。所以定下计策，自己先走三天，却留下一个锦囊妙计给刘永福，叫他二天之后依计而行。果然神不知、鬼不觉走脱了。不但自己不曾被害，就是军队也都依计遣散，丝毫没有损伤。到日本兵进去，已经都是空营了。还有人说：日本兵到中国来，根本不知道地理的，都是李鸿章，把地图送给他。这些话，现在说起来，好像是造作出来，以博一笑的。然而我敢说：这都是我在小时候，亲见亲闻的事实。这时候我正住在一个偏僻的地方，大约那地方太偏僻了，所以如此罢？然而说这些话的人，都并非下层社会中人，有几个还是读书明理的士子呢！

他们为什么会相信这些话？还要津津有味地传述？假使他们肯想一想：这话是怎样传得来的？譬如台湾之事、北京之事，是哪一个人、在哪里目见耳闻？又经过什么人，把这消息带给向我说述的人的？他就立刻可以发见这话的靠不住。然而他们从不肯这么想。假使当时有人对他们这么说，他们也一定不肯信的。这并不是他们识不足以及此。有许多时候，他们推论一件事情的信否，比这要复杂得多呢。可见他们并非不能推想，而是不愿推想。为什么不愿推想呢？以一件事要推想，多么费力？像听说书一样听听，不但不难了解，其话还饶有趣味，何等快活？正做着自己骗自己的好梦，谁愿有人唤醒他呢？千万年来，为什么有许多利害切身之事，人们都不明白其所以然？为什么明明公众之事，却会给一两个人把持了？为什么极无理由的话，也会骗得许多人？大概都是人们这种脾气所造成的罢。教育家最大的仇敌是什么？该就是人们的这种性质了。然而我们讲新教育，讲了几十年，似乎对于人们的这种性质，并没有能改变。不但不能改变被教育者的思想，连教育本身，也是这样的。我曾遇见一个大学生，偶然谈起经济学来，他就滔滔不绝的，讲给我听，却都是些高小或者初中教科书里已有的话头。有一次，遇见一个中学教员。他是教会学校出身的，谈起教会中所办某事业来，他倒说得出：这个教会，向外国某地方，募得款项若干；又向中国某大官、某富人，募得款项若干。他说：为什么外国人的能力这么大？中国人为什么总没有这般能力？我说：这有什么稀奇，外国的经济程度，本和中国不同。到外国去募捐，和在中国募捐，成绩也自然不同了。譬如一个人在通都大邑募捐，一个人在穷乡僻壤募捐，其成绩如何得同，这和人的能力，有什么关系？若说他们在中国，亦能募得多数捐款，那是由于以他们的资格到中国来，所交结的，都是达官富人，中国人要办事的，所交结的人，就不然了，这和能力有什么相干？我所说的话，自以为明白易解了。他却表示惊疑之色。我想：要把人的能力大小和他的办事成绩好坏分开，这件事费心太多了。他已是三十多岁的人，向来没用惯这种心思，再要他走这条生路，未免太吃力了，不谈了罢，就把别的话岔开去了。

这一类事，我遇见很多。所以我总怀疑于现在的所谓普及教育、推广教育，哪里来这许多教育者呢？不错，学工业的人，是会得做工；学商业的人，是会得记账的。然而，这似乎是技术。技术在从前，似乎只算得手艺一类的事，并不算得教育。固然，从前的所谓教育，是一文不值了。然而并不是从前所认为不足以算作教育的事，因此就可以升格而算作教育。一个人所藏的银子，夹杂了铅，并不是铅因此就可以算作银子的。这怕不仅是中国一国的问题罢？王光济君所译《中国教育的出路》说："美德两国，推行职业教育，不遗余力。结果，立即发见：驱全国国民尽成机械。任何德国人，若无人在旁加以指挥，即不能动弹。渠为一完美之工人，但非一男子、人、邻人、丈夫、社交者或父亲。"（见《青年半月刊》第一期）我们知道：人与自然的关系，固然密切，人与人的关系，也是同样密切的。人与自然的关系，不妨假手于人。我们天天点电灯、趁电车，有几个人曾研究过电学来？人与人的关系却不然。我们要做一个邻人、丈夫、父亲，不能邻人、媳妇、子女和我们说话，我们却说：这我不能回答，要请伦理学专家代庖。然则我们从前，把人和人的关系，认为首要，认为人人所必须有的知识，而人和物的关系次之。这见解，其实并没有错。不过从前所认为人对于人的道理，有一大部分是错的。至少在今日，此等道理，非徒无益，而又有害罢了。这话牵涉得太广了，现在不能谈下去，只得就此截断了。我还觉得：我小时候所处的那种优闲的境地，比现在都市里繁忙的情形，要好得多。那时候的大多数人，固然糊里胡涂的，把这优闲的岁月，在胡涂中送去了，而这是当时的文化使之如此。假使在这种优闲的环境中推动人力，一定比在繁忙中的环境好些。我有一个同乡，到上海来，借住在某甲家中一个多月。这个同乡，颇为贫穷，在上海时，因为资斧乏绝，把一件什么东西当了。回去时，没有能够收赎。有一次，我在上海要回去，这同乡知道了，写信给某甲，托他把东西赎了出来，又写信给我，托的临行时到某甲家中去取了，代他带回。穷人是没有什么奢侈品可当的，所当的，都是急于要用的东西。我在火车开行之前约一点钟，到了某甲之家，谈起这事情来，某甲却挖耳搔腮，无可为计。原来某甲、某甲之妻、某甲之姊，都打了半夜牌，把这事情，忘在九霄云外了。这时候，离火车开行，已不过点把钟，要去取赎了来，交给我带回，已经来不及了。某甲并非无职业的人，也是要按时办公的，尚且如此，何况没有职业的人呢？我后来看见某甲，规劝他，他怫然道：我娱乐在不办公的时间，有什么要紧？这话骤听似乎很有理由，然而不办公的时间，是安静休息的，或者是征逐取乐的，影响于办公时的精神，怕不在小罢？不记得战前某报，说某县法院中的人员，每逢星期六，就要星驰电掣而至上海，星期日尽情取乐一天，到晚间或者星期一早晨才赶回，以致头昏脑晕，把公务积压得不少？我在学校中教授多年，总觉得生长在都市中的学生，其思想，较之来自乡僻之区的为浮浅。这不是天之降才尔殊，乃是多年习惯于不用，其心思窒塞了。我总觉得：将来文化的方向改变了，该来一个都市廓清运动。都市廓清运动怎样呢？其第一义，在把现今都市，斫而小之，最大的聚居区域，不得超过若干人，这是第一义。这一点办到，其余一切事情，就都好继此而进行了。这话离现在还远着呢，只是一种遐想罢了。切近些，现在许多教育机关和文化机关的内移，固然是件好事，我却希望，沿江沿海这种浮浅的风气，不要跟着迁移去。去了，希望伟大诚朴的内地，能够矫正它、制裁它。再切近些，希望现在孤岛的人们，使自己的身心安静。

原载1939年10月30日《青年半月刊》第1卷第2期

新年与青年

　　"分明昨夜灯犹在，忽被人呼作去年。"（张船山诗）一样的一个日子，一经定为节日，人心上就觉得有些不同，这是什么缘故呢？

　　诸位总还有读过《论语》的，《论语》上有一句："颜渊问为邦。"为邦就是治国，孔子在积极方面，答复他四句，第一句是"行夏之时"。所谓行夏之时，就是把旧历的正月定为正月，算作一年的开始。这个在历法上谓之建寅。古代的历法，还有把旧历的十一月算正月的，谓之建子；把十二月算正月的，谓之建丑：都是孔子所不取的。后世遵从孔子的遗教，汉武帝太初元年，定以建寅之月为正月，其时还在西历纪元前一百零四年。下距民国纪元二千零十五年了，把那个月定作正月，究竟有什么关系？孔子要看得如此郑重呢？

　　人们做事情，总要把他分作若干段落。到一个段落告终，又一个段落开始，就要把旧的事情，结束一番；新的事情，预备一番；其间则休息几天。如此，做起新的事情来，才会有精神，有计划；而当这新旧交界之间，就觉得有一番新气象。这种段落，有的纯出于人为，有的则是自然所规定的；大抵一切事情，都可由人随意制定，只有农业，不能不受季节的支配。中国很早就是个农业国。全国中大多数人，都是以农为业，而政治上，社会上一切事务，也是要随着农业的季节而进行的。在农业上，把旧的事情，一切结束完毕，再将新的事情，略行预备，而于其间休息若干天，这在建丑、建寅两个月之间，最为相宜，所以孔子要主张行夏之时。《礼记》里有一篇《月令》，《吕氏春秋》里有十二篇《十二纪》，《淮南子》里有一篇《时则训》。这三种书，大同小异，其根源就是一个。他的内容是（一）规定某月当行某项政令，（二）又规定某月不可行某项政令，仿佛学校里的校历一般。我们现在将学校里规定一学年中行政事项一张的表，称为校历，则这三种书，可以称为政历；学校里，倘使不照校历行政，当春秋温和之日，放起假来，冬夏寒暑之时，反而开学，岂非很不适宜？那么，一国的行政而凌乱失序，其贻害就更大了（如当农时而筑城郭、宫室；修理堤防，通达沟浍，不在雨季之类）。所以孔子要主张"行夏之时"，而"行夏之时"这一句话，其内容所包括者甚广。然则从前人们，所以每到新年，总觉得有一番欣欣向荣的新气象，并不是什么无意识的举动，贪着新年好玩，因为在做事情的段落上，是需要一个结束、一个预备和中间若干天的休息，而这段落的定在这时候，是确有其理由的。

孤岛拘囚，转瞬两年了。在这四面氛围，而中间仍保留着现代都市气味的孤岛上，再也看不见旧时的所谓年景。老实说：在工商社会里，年和节，是没有多大意义的。因为人们休息不到几天。而且在工商社会里的人，是真正赤贫的。什么叫作赤贫呢？赤就是精光的意思，就是一点都没有了。在辞类中，也说是一贫如洗。真正把人们的东西搜括得精光的，不是天灾，也不是人们所看着惊心动魄的人祸。这些，都不能把人们的所有搜括得精光的。真正把人们的所有搜括得精光的，是商业。你如不信，请你留心观察。我们走到远离都市的乡下人家，看得他很苦，可是他家里，总拿得出一些东西来，什么糕啊！饼啊！团子啊！为过年而做的菜啊，甚而至于家酿的酒啊！这是我们在旧式的村镇上，或者小城市里，访问亲戚时，所常常吃到的。在大城市或大都会里，你试去访问一个中等的薪给者之家。他家里有什么东西呢？要是检查比较起来，一定不如一个乡农家里的丰富。这些都到什么地方去了呢？不是天灾把他消灭了，也不是有形的人祸把他抢去的，倒是有着极和蔼的面目的交换，把你所有的都搜括去了。你不见现在的市廛上，五光十色，充满了劣货么？谁觉得他有前线上血飞肉搏的可怕？谁知道他的可怕反甚于血飞肉搏，而人们所以往往要血飞肉搏，正是为着交换上的有利呢？交换的起源，难道是如此的吗？作始也简，将毕也巨，人们做一件事情，往往不察实情，只是照着老样子做，事情的内容，早已改变了，而做法还是一样，到后来，就要控制不住这件事情，而这件事情，反像怒涛一般，把人们卷入其中，莫能自主了。一切制度，都是人为着控制事情而设立的，到后来，人反被制度控制了，就是为此。我曾说：家族制度、交换制度，是现社会的秩序的两根支柱。倘使把这两根支柱拉倒，现社会的面目，就全变了。家族制度，此篇中无暇论列。交换制度，看上文所说，可以略见一斑："拨乱世，反之正，莫近于《春秋》。"（《太史公自序》中语）。我劝现代的青年，不可不找一部现代的《春秋》来，仔细研究研究。

　　还记得我在儿童时代，每遇新年，总是欢天喜地的。穿新衣啊！吃啊！玩啊！在来年，只恨新年到来得迟；开了年，又恨新年过去得快。丝毫不知道愁苦。在青年时代，也还保存着这种豪兴，那时候，看见家里的大人，遇到年节，不以为乐，反有点厌倦的意思，全然不能了解。到成年之后，家计上身，就渐渐踏上前辈的旧路了。做糕团啊！做过年的菜啊！到亲戚家里去贺年啊！送礼物啊！给小孩子压岁钱啊！给佣人赏钱啊！在在需钱，而且事事费力，总而言之，就是"劳民伤财"四个字。如此几个年过来，自己也不免觉得有些厌倦了。难道过年的初意是这样的吗？我们的老祖宗，都是乡下人。我们现在过年过节的风俗，都还是农村上带来的，农村上的生活，远不如普通城市里的紧张，更无论大都会了。那时候，我们有的是工夫，有的是精力，亲戚朋友，得暇正要去看看他们呢，正盼望着他们来呢。交际酬酢之间，真意多而虚文少，何至以酬应为苦！农家所有的东西，还没给商人搜括净尽。家里有的是材料，娘们有的是工夫和精力，趁这岁晚余闲，做些菜，做些点心，何妨大家乐一乐。在这种风俗，照新说法也可以唤作制度，创始的时候，原是和环境很适合的。到我们迁居城市之中，甚而至于现代的大都会之中，就面目全非了，新环境不能适用于旧制度，正和身体长大了，不能再着小时候的衣服一般。然而人，为什么拘守着旧制度，反做了制度的奴隶，以致自寻烦恼呢？因此想起来，我们的老祖宗，住在农村上，喝没有自来水——那时候，原用不着自来水的。农村倘使靠近大河，临流而汲，原很清洁，如其不然，凿井而饮，因为居人的稀少，井泉来源，也不会污秽的。走没有马路，那时候，原用不着马路的，因为没有摩托卡，也没有马车、独轮小车，旧式的街道，也尽够走了。然则一切事物，我们现在觉得不适宜的，当其起源的时候，都是很适宜的，病只在于我们的守旧而不知变。我们为什么不知道审察环境，以定办法，而凡事只会照着老样子做呢？我们几时才能以理智驾驭事物，而不做事物的奴隶呢？这是一个文化的大转变。其责任，就都在青年身上。

在过年的时节，有的是玩。玩的事是些什么，列举是列举不尽的，我们只能总括地就其性质上说。《孟子》上有一句"博弈好饮酒"。我想这正可以代表玩的分类：

$$\text{玩} \begin{cases} \text{争胜负的} \begin{cases} \text{博} & \text{凭命运的} \\ \text{弈} & \text{凭计划的} \end{cases} \\ \text{不争胜负的——饮酒} \end{cases}$$

博弈饮酒，虽然是玩的事，可是做正事的性质，也不外乎此。我们做事，有些事，成败是无从预料的，只是尽人事以待天命，这是博的一类。有些是多少可以人力控制的，多算胜，少算不胜，这是弈的一类。浅而言之，似乎弈远优于博。然而世界上的事，不能以人力控制的居多。即能以人力控制的，其可控制的成分，亦远不如弈。倘使我们做事，件件都要计出万全而后动，那就无一事可做了。然而在能以人力控制的范围中，我们总还要谋定而后动。所以我们做事，该用下棋的手段，又要有赌博的精神。赌博的精神，是被世界上的人看作最坏的精神的。我现在加以提倡，一定要引起人们的误会。然而赌博的精神，本不是坏的。坏的是赌博的事业。赌博的事业，是借此夺取财物的，所以为人们所鄙视。谁使你将可宝贵的、值得歌颂的赌博精神，用之于夺取财物呢？真正的赌博精神，不计一己的成败，毅然决然和强大的势力斗争，这真是可宝贵的，值得歌颂的。把这种精神，用之于夺取财物，正和有当兵本领的人，不当兵而做强盗；有优裕武力的国，不用之于义战，而用之于侵略一样。

现在所过的是新历的年，新历虽然颁行了已经二十八年，人民过新历的年，总还不如过旧历年来得起劲而有兴味。这是无怪其然的。因为中国是个农业国，在农业上，把旧的事情做一个结束，新的事情做一个预备，其时节，在新历的岁尾年头，确不如旧历的岁尾年头为适宜。且如商人，做了一年买卖，总要把账目结束一下，然后可算告一段落。内地大多数的商店，虽然开设在城市，其众多的主顾，实在农村。各小城镇商店的结账，要在农村收获，把谷粜出了以后。各大都会商店的结账，又在各小城镇的商店结账以后。如此，也非到旧历的岁尾年头不可了。所以四民之中，真正不受季节的支配的，只有士和工两种人。然而这两种人，在全国中是少数（旧式的工人，都兼营农业）。人是社会动物，看了大多数人，都在什么时候结束旧事情，预备新事情，休息若干天，把这个时节算作办事情的一个段落，自会受其影响而不自知的。这也有益而无损。在未行新历之前，学校每于旧历的岁尾年头，放年假。新历颁行以后，觉得名实不符了；在国民政府统一以后，且为法令所干涉，于是改其名曰寒假。有些地方，还有寒假其名，年假其实；有些地方，则真正把寒假和年假分开，旧历的岁尾年头在开学了，然而仍为人情所不乐。即教育家，也有说："旧时的年假，使乡村人家在城市中读书的孩子，在这时候，回去看看他们的父母亲，练习社交的礼节，知道些社会上的风俗，是有极大的意义的。"历法的改革在于去掉三年一闰的不整齐；在于和世界各国可以从同，便于记忆，省得计算，我也赞成。但是政令上所定的岁首，根本上用不到强迫人民视为办事的一个段落。相传中国古代，建正之法，本有三种：一种是建子，据说是周朝所行；一种是建丑，据说是商朝所行；一种是建寅，据说是夏朝所行。然而《周书》的周月解，有这么几句话："亦越我周王，至伐于商。改正异械，以垂三统，至于敬授民时，巡狩祭享，犹自夏焉。"通三统，不过是后来的学说（儒家认为夏商周各有其治法，应循环迭用的，即夏尚忠，继之以殷尚质，再继之以周尚文，而仍返于夏尚忠。所以依儒家之说：一代的王者，当封前两朝的王者之后以大国，使之保存其治法，以备更迭取用，二王之后，仍得行前代的正朔的）。事实上，大约在古代，夏商周三个部族，是各有其历法的。后来三个民族渐次相同化。因为建子、建丑，不如建寅的适宜。于是在国家的典礼上，虽然多带守旧的性质，不能骤变，而在民间的习惯上，则这一点，渐次和夏族同化了。于此，可见国家所定的岁首，能和社会做事的段落相合固好，即使不然，也不要紧。正不必强迫人民，定要把这个时候，作为新旧交替的界限。况且古代，国家的地方小，全国的气候，比较一律。民间做事的段落，其时间，自然也可以划一了。后世疆域广大，各地方的气候不同，做事的段落，就根本不能一致，当此情形之下，自没有强行整齐的必要。所以我的意思：国家所建的正，和人民所过的年节，在古代可合而为一，在后世必须分而为二。这是世事由简单而趋复杂，不得不然的。十年以前，强迫学校每当旧历的年关不许放假，商店在旧历的年关不许停业，人民在旧历的年关不许放爆竹、行祝贺等，根本是不必要的干涉。我在当时曾经说：把年节公然和岁首分开，定在新历的二月一日，就容易推行了。曾把此意叩问过二十多个大学生，没有一个以为然的，而他们也并说不出什么理由来。廖季平先生的见解自然是近于守旧的，晚年的议论且入于荒怪，自不能解决现代问题，然而他有一个议论，说："全地球的历法，应当依气候带而分为好几种，不当用一种。"这种思想，却甚合理。这一议论，说他做什么呢？难道在今日，还有工夫来争年节该定在什么时候么？不是的，我说这一番话，是表示一个人的见解要宏通。一件事，关涉的方面多着呢！内容复杂得很呢！一个人哪里能尽知？所以在平时，要尽力研求；在临事之时，要虚心访问，容纳他人的意见。如此，才可以博闻而寡过。在政令干涉人民用旧历之时，有一个手持历本在火车站上叫买的小贩，叹息说："现在老法的历本被禁，连贩卖历本的生意也难做了。"旁边一个人问他："你看还是老法历本好还是新法历本好？"贩卖历本的人说："自然是老法历本好。"旁边一个少年，怒目而视道："为什么老法历本好？你怎会知道？"眼光盯牢这贩卖的人久久。这个少年的意思，是真诚的，然其愚可悯了。他竟认为禁绝旧历，推行新历，对于国家社会，真有很大的关系。一个人怀挟着这种意见，固然不要紧；然而社会上这种浅虑的人多了，就要生出许多无谓的纷扰来，无谓的纷扰多，该集中精力办的事，反因之而松懈了，所以凡事不可不虚心，不可太任气。偶因新年，回忆所及，述之以为今日之青年告。

原载1940年1月1日《青年半月刊》第1卷第6期

漫忆一则

予之外家，为武进程氏。外曾王父知陕西省某县，以廉洁名。与中朝某大臣有隙。一夕，梦白虎坐厅事。旦起，则闻此人已入军机矣。惧罹祸，即告病归，时年仅三十余。居常州城内早科坊。旋卒。有丈夫子四人。外曾王母抚之，甚贫苦，一日，天雨，墙坏，躬身葺治，于墙根下得黄金一巨器，外曾王母祝曰：非分之财，非所敢取。天而哀念廉吏，使其四子皆克有成，则所愿也。复掩之。外王父讳兆缙，字柚谷，次居三。昆弟俱以文名，而外王父与伯兄绂衡尤著。太平军入常州，伯举室殉难。以仲之子兼祧，讳运皋，字少农。亦以文名，书法尤秀骨天成，独绝侪辈，客湖北藩司幕中数十年，晚官云南宁州知州。民国初返里，十七年卒。舅亦工医，宦游所至，治验颇多。晚犹读医书不释手。外王父无子，有二女，次即吾母。外王父八岁，即能日课一诗。十三入邑庠，后中式咸丰某科顺天乡试，客京师。闻江南大营溃，南归，至兰山，道阻弗得行，助县令某御捻，战没于汤家池。外王父经学湛深，于三礼尤精熟。尝以说郊褅义为某山长所赏，由是知名。亦工医，又多艺事，时用钟表者尚不多，能修理者亦少，外王父拆阅数具，即能装置修治，不假师授也。先母讳棳，字仲芬，号静岩，小时避难山东，转徙兵间，仅读《论语》二十篇，又读《孟子》，至齐桓晋文事章即辍学，然其后于经史古籍，无不能读。亦能为诗文。天资之高，并世所罕见也。外王父季弟早卒。有一子，讳运达，字均甫。兼祧外王父，性孤介绝俗，诗文皆法魏晋，书法北魏，又善画。亦知医，光绪庚寅辛卯间，佐旅顺戎幕，其地无良医，活人尤多。以不善治生，终生贫窭，常客游四方以自给。岁癸卯，卒于江西之南安。予家旧藏有外王父乡试朱卷及先舅氏所为墓铭一篇，今皆在游击区中，存亡不可知矣。惟先舅氏《南浦词》一首，予犹能诵之。词曰："万树玉玲珑，拥痴云如墨，沉沉旋绕。暖阁几围炉？十年事，落叶西风都杳。寒光万里，画楼深处人初悄。白战应嫌天地窄，谁取灞桥诗料？　　那堪冻雀群飞？任研珠屑玉，暗迷昏晓。敲碎满天，愁堆三径，一霎难融残照。冷凝风帽，举头岁月催人老。临镜试窥窗外影，赢得鬓丝多少？"乃丁酉岁客广信时雪中作也。

早科坊在常州城西南隅。今其坊巷犹在。外家旧居，今日虽难确指，然数十年前，则吾外家之人，及其亲戚故旧，皆能历历指之也。即谓所指不甚确，而宅非宽广，尽疑似之地而掘之，亦非甚难。外曾王母手葺坏墙而能得之，入土必不甚深。数十年间，变迁有限。外曾王母所见者，确为黄金盈器，器且颇巨，传者咸云如是，必非虚诬。苟欲掘之，什九可得，所费且不甚巨，此中智可以议决者也。然曾未闻有一人唱议发掘者。言及此，不过追忆先德，或以为谈助耳，固知好财非人之本性。抑好财而至于珠玉金银，其去本性尤远也。珠玉金银，饥不可食，寒不可衣，人人知之，岂有举世所好，乃在饥不可食、寒不可衣之物哉？今所以众共好之者，乃以其持之可与凡物相易。非好其物，好其有泉币之用耳。珠玉金银，所以成为泉币者，《管子》曰："先王为其途之远，至之鸡，故托用于其重。"盖古有凶凶札丧之际，虽或有庚财乞籴之举，然究非可专恃，或不得不以所有易所无；而是时之求所无者，非于异邦之凡民，而于其君与大夫，如管子谓丁氏藏粟，足食三军之师，而劝桓公以璧假焉是也。珠玉金银，流行于贵族驵贾之间，久之遂成为习俗。若平民，则握粟出卜，抱布贸丝，且不用铜为泉币，而况珠玉金银乎？铜所以为贵人所好者，以其可以作兵，此犹今日日人之搜括钢铁耳。其爱珠玉金银，则用为器饰，犹今人之好金珠钻石也。此惟淫侈之人为然，淫侈岂得谓之本性？况虽淫侈之人，亦有不尽好此者乎？珠玉金银，所以遂为举世所通用者，则以交易盛行，不可无值巨质微之物，以资轻赍而便收藏。使纸币早兴，人亦将舍珠玉金银，而宝桑皮故纸矣。积重难返，故金银在今日，犹具泉币之用，然亦其惰力耳。寝假人皆悟其无用，而交易者莫或肯受，则人亦将弃而弗之宝也，而岂有肯求之山渊，埋之地下，又靡日力以发掘之者哉？

好利虽非人之本性，然习焉即若性成。举世好利，其所以相熏染者，亦至深矣。掘地而得窖金，其利岂凡胼手胝足、持筹握算者所可比？而从事于此者卒少，何也？利之本为力，赢绌以所费之力之多少为衡，此愚夫愚妇之所与知也。惟然，故利莫大于可必，奖券之利，奚翅窖金？然犹或滞销。一职业出，所得或不给口实，人犹争趋之，何也？一可必，一不可必也。窖金之事，流闻于世者甚多，其语亦非尽伪，而发掘之者卒寡，以此也。惟好厚葬者，既多其瘗藏，而又大为丘陇，以明示其处，是不啻告人以发掘之必可以有所得也，故人争驱焉，而其愚不可及矣。

二十三年十二月初，上海某报，载十一月十三日天津专电，云：大名西南四十五里张大堡，富户赵连科，有楼房一所，高四丈，窖藏甚富，为防窃取，埋有炸弹，日前长工取物不慎触发，楼房全毁，楼上妇女，死者六人。所藏之物，飞散满地，乡民争往拾取。藏物于无用之地，埋凶器以贼人，而卒以自贼，哀哉！捐金沉珠之风，何时见乎？

因论窖藏，予又不禁有感于古物。近数十年来，中国古物，流于国外者多矣，国人莫不深以为恨。即外人，亦讥笑吾曹为败家子矣。而此次战事既兴，为日人捆载而去者，尤不可以计数。孟子曰："所谓故国者，非谓有乔木之谓也，有世臣之谓也。"今举世视此等物为故国之表征，安得不为之深惜？然以予观之，则亦无足深惜也。齐景公问政于孔子，孔子曰："君君，臣臣，父父，子子。"公曰："善哉！信如君不君，臣不臣，父不父，子不子，虽有粟，吾得而食诸？有粟不得食，有物独可终保邪？"国与家，大小异耳，收藏之家，当其得之之时，孰不欣然色喜？然阅百年而不散失有几何？记曰："言悖而出者，亦悖而入；财悖而入者，亦悖而出。"孟子曰："由今之道，无变今之俗，虽与之天下，不能一朝居也。"今之争宝古物者，可谓知所宝乎？而不闻举世知名之西奈《圣经》写本，俄人乃以之易英国之机器乎？事在二十二年十二月？中国今日，所缺者莫如机器，尤莫如农业用之机器。俄国农业之焕然改观也，由于集合农场。集合农场何时始哉？当民国十七年时，其国营农场经理马克维次（Markevich），有余机犁百架，集近地农民而告之曰：君等土地，苟肯共耕，吾当以此机器赁君等。农民之愿公其地者，合之得九千余亩。至秋，增至二万四千余亩。事为共产党所闻，增制机犁，并建使用机犁之动力场，推其法于全国，而集合农场于是始焉。夫事莫善于公，而万恶皆起于自私。人苟不能不食；而其食之所自出，又不能无籍于农；则人民必以业农者为多，农民之好公好私，实风俗人心升降之原，而亦即治乱之本也。世皆言农人最自私，最顽固，其实农人曷尝自私、顽固，乃其所业使之然耳。农业之使人自私，则土地寸寸割裂，而佃者限于一夫一妇之为之也。故欲拯救一世之人心，必自变土地之私有为公有始。而欲变土地之私有为公有，则必自变私耕为公耕始。中国之民，固十之八为农人，果有以机犁易我古物者，我当法俄人之所以处西奈《圣经》者乎？抑终闷而不出也？且即闷而不出，亦庸可终保乎？今者古物之散失，论者辄谓以其物在私家故，然即在公家，亦庸可终保乎？他且勿论，所谓故宫博物院者，盖三年之中，而再以失物闻矣。第一次事在二十三年，事由院长易培基及秘书李宗侗之监守自盗，据是年十月十三日江宁地方法院起诉书及十二月中中央古物保管会之呈报，其所失者：为真珠千三百十九粒，以伪易真者九千六百有六粒，宝石五百六十二颗，以伪易真者三千二百五十一颗。又就原件内拆去珠宝者千四百九十六处，此外真珠、流苏及翠花嵌珠宝手镯等整件盗去者，为数甚巨。二十五年之失窃，事以是年夏间外闻，据六月十九日中央社电，所失者，为大小白玉如意十二柄，青玉如意二柄，珊瑚如意一柄，铜如意头一个，铜香炉、铜香铲各一，珐琅表十七个，折扇三十五柄，中有沈焕、那彦宝等书画，赵子昂画马一轴，其事则守护队赵伯岩、王旭所为，而收买赃物者，为张永泉、傅成祥、王学谟、祁长硕四人。见北平地方法院起诉书，赵伯岩被捕，自戕受伤，旋即身死。王旭、张永泉定罪。傅成祥、王学谟、祁长硕以自行交出赃物，缓刑。易培基、李宗侗，则始终未能弋获也。公家之力，果足持乎？或谓此乃吾国纲纪废弛使然。然纲纪者，人之所为也。人之所为，则所谓有为之法也。一切有为法，如梦、幻、泡、影，如露亦如电，而何国之纲纪可终保哉？岂不闻以医学名于世，足以媲美德意志者，而挽近，其医学文凭，乃或出于贿买乎？同处一群之中，利害正相反对，而欲以一造之力，维持其所谓纲纪者，使之永不溃败，何异以只手障狂澜哉？合观二次所失之物，除第一次有帝后衣冠拆去珠宝者资考证，第二次所失书画可称美术外，余本皆淫侈之物，留之何为？且即美术，亦岂真足宝乎？伪造书画、骨董，举世恃以衣食者，盖不知其若干人。故宫所藏，宁必可信？即谓可信，而有史以来，少数人淫侈而丧心，多数人求活且不给，能有余暇以从事于文学美术者，盖少数中之少数耳。其所成就，自今日视之，诚若可贵，他日者，太平大同之盛，果获成功，合一世之人，而从事于此，其所成就，必有非今日所能想象者。今之所有，在其时视之，只堪覆瓿，无足疑也，而焉用固守之以窒社会之生机乎？

原载1940年3月《宇宙风》（乙刊）第23期

两年诗话

　　我于民国二十六年十月十三日，避地下江。三十一年八月一日，回返我的故乡下邑。到今年七月三十一日，恰足两周年。有友朋写信问我这两年来的生活状况。我的生活状况，其何足述？但当此世变纷纭，而各地方的情形，又各有不同之际，正不妨就所记忆的，写出一些来，聊供读者诸君茶余酒后的谈助。

　　我自到下江之后，不但足迹未出从前所谓华圃，亦且未过越柏河一步。到三十一年八月初一日，才同我的女孩，乘车过越柏河。在河南，还见着颓垣败壁，到火车开出后，就两旁禾黍油油，和二十六年以前所见，无甚异同了。我想：这是我所见的如此，别的地方，该未必尽然罢了？"遗民定已种桑麻，败将如闻保城郭"，诵易安居士的诗，真要不胜感慨了。

　　我的家庭，本极简单，只我和我的妻，我的女孩三个人。当乱离之际，各自提着一只破败不堪的箱子，内中存着一些单夹衣服，同到下江。一住便住了五年。这五年中的生活，自然非常苦楚。那么，为什么久留不去呢？这也有个缘故。我的朋友武隐文说得好："到处都见得鹊巢鸠占的现象，只有在下江，还看不见这些。虽然'四海皆秋气，一室难为春'，当四面风波震撼之际，据守着一个孤岛而自以为安，原不免于自骗自，但毕竟眼不见为净。"但是到我离开下江之前半年有余，下江的情形，也大变了。"撑住东南金粉气，依旧舞衫歌扇，空赢得猿啼鹤怨"，金迷纸醉之场，一变而为荆天棘地，还何足留恋呢？于是我的妻、我的女孩说："既然万方一概，又何不暂回我们的故乡，再作道理？究尚略有田园可守呢。"议既定了，她俩先回下邑。我在下邑，本有住宅两所，南北连接。战前自居北宅，将南宅租赁与人。战时，北宅几于全遭炸毁，南宅却仅略有损伤，修理之后，依然完好。租赁期限早满，这时正好收回自住。无如在战时，下邑房屋毁坏的，超过百分之六十。这时候，房客坚不肯出屋，自己反去向人租赁房屋。一者不易得。二者即使得之，亦恐湫隘异常，我的生活程度，一时压缩不到这样低。三者如得可住的房屋，亦恐不能久居；而租赁的条件，又恐月异而岁不同，使你不能久居。于是我的妻和我的女孩商量：收拾烬余的砖瓦。木料呢？我有一个同居的堂房兄弟，早把他卖给一个木匠了，我们此时，反出高价，买回其一部分。即在北宅废基之上，搭盖小屋两间和灶屋一间，约共费去国币五千元。我的妻，带着我的女孩，住在她的母家，于炎天烈日之下，奔走往来督工。这其间一切事情，又大得我的舅嫂的帮助。到七月中旬，工程粗毕，我的女孩乃从下邑再到下江，帮同我收拾五年中在下江之所有，于八月一日，回向下邑。

当我还在下江之时，我的女孩从下邑写信给我，说："故乡的风俗人情，比下江要好些。大家都以为在一个非常的时期，不以为就此可以苟安。"她又说："这也有个缘故。且如我们所住的五女巷，在南段，本是一个绅士的住宅区。在战前，是没有一家不有两三个佣人的，却到现在，情况大不相同了。只我家南宅的房客，还有一个走散工，其余都是自己操作。环境是最深刻的教育，生活是最亲切的环境，这怕是使非常时期的人，不忘其所处的为非常时期的原因罢？"我看了这封信，颇引起了思归之念。因为我在下江五年，对于下江的风俗人情，已经厌倦极了。到上了火车之后，我又觉得乘客的情形，和五年前颇不相同。大家都很沉默，似乎有些陶唐氏的遗民忧深思远的样子。这沉默，就是坚决、镇静的表示了。我又觉得他们颇能互助。即如我，年老力衰，随身所带的行李，举不起来，就有人助我举起。当时乘客已满，我和我的女孩，虽然各觅得一个座位，却是相去很远。我女孩对面的乘客，便起而和我互换，他因此距离他的行李颇远，也在所不惜。我在当时，觉得很为感动。后来在日记中说："中路婴儿失其母，则鸰原急难之情生。"这是使我初上归途时，感极欲涕的一端了。

车到下邑车站，所见自然都大异于昔时。我同居的堂房兄弟的媳妇和我妻的侄儿，都在车站相接。下车后，便直走我的妻家。我的舅嫂，为我设肴馔甚丰。我一时感激，也说不出什么话来，只说得一句："从我下邑的寓处到你们这里，真如从荒歉的地方，走入丰收的境界了。"虽然如此，独食又何能下咽呢？这一天，虽然"有酒旨且多"，我也本能略饮几杯，终未能开怀畅饮者以此。这一夜，我便宿在我的妻家。

到明天，八月初二日，和我的妻、我的女孩，同到新造的小屋中看视，见其已略堪居住，乃遂留宿焉。卧室之外，本已成为瓦砾之场，我的妻和我的女孩，雇人把瓦砾挑去，又种了些菜蔬，成为圃地。我有一个朋友，唤作殷威颂，在战前，曾带着他的儿子来访问我。那时正值暮春，我曾在院子中花架下，留他吃过一顿晚饭。这院子，已和厅堂同变成菜圃了。威颂的儿子，业已成为鬼雄，威颂则不知流落何所。巡行旧地，真乃不胜感慨。我因此，口占了五律七绝各一首：

> 卅年华屋处，零落依茅庐。犹是伤离乱，遑云赋遂初？衰时思学圃，非种欲先锄。荷棘心方壮，秋风病合苏。

> 同启琼筵醉羽觞，当年曾是并华堂。羹藜饭叶知谁饷？欲向城南吊国殇。

我从此以后，就定居在这两间小屋中了。从进城之后，我就没再到过车站，别说乘车到别的地方去了。如闻现在火车站上的情形，和我两年前乘车时大不相同，我以为这只是浮面上的情形罢？

安居才一日，我的堂房姊姊死了。这堂房姊姊，就是上文所说的堂房兄弟的胞姊。我这位堂房兄弟，是幼而无父，由我的父亲抚养成立的。他还有好几位同胞姊妹，都和我们同居。只有这位姊姊年纪最大，出嫁最早，所以未曾同居过。虽然如此，往来也很亲密。从我到下江之后，和她已有五年不相见了。这一年，她听得我有回乡的消息，非常喜欢，急欲与我相见。可是这几年，她心脏有些毛病，不宜于行动。我回乡之后，她家里的人，未敢即日告诉她。我也因三日之中，事务繁冗，未能即去省视。谁知道初三晚上，她就得了病，到初四日的时辰，天尚未明，就与世长辞了，竟没有再见一面的机会！后来想起来，不见面倒也罢了，相见之后，也免不得一番悲怆，于她也无甚益处罢？她的棺木，是战后预先制就的，计值国币四千元，却至多抵得战前国币二百元的货色。衣衾临时添置了些，并非全新。单以料论，即费去当时通行的钞票一千元，工还在外。物价较战前，至少增加了二十倍。

此后几天，我便上街去看看亲友。亲友是稀少了，也有死亡的，也有流离在外的。街道都已改观，有些连街名也改变了。虽然直到现在，在最大多数人的口里，还没有改变，在路牌上的名称，这时候却已早经改过。街旁的房屋，大半毁坏。有些新造的，多半只有一个门面，走进去看，后面便是瓦砾之场了。这直到现在，还是如此。主人也多改变了，很多鹊巢鸠占的。且如吾乡，有一处著名的市场，名为义正渡。在这义正渡口，有一家著名的茶馆，名为秋圃，卖包子最有名。我垂髫时候，我的父亲，请我的先生吃包子，挈带着我同去。那时候的包子，是每个小平钱四文。我父亲只带五百个大钱去，三个人吃饱回来，还剩二百数十文。这一家茶馆，房屋虽然简陋，可是因为生意兴隆，房租的收入，也着实可观。到我回乡之前一年，房主人坐在茶馆里，偶然发了几句牢骚说："这个年头，生活艰难，我这所屋子，也只好卖掉了。"在他不过是随口的牢骚话。谁知道回家不久，就有人去找他，说："听得你秋圃茶园的屋子要卖？"他说："这是我随口的话。"来的人说："话哪有随口说的？"便出了一笔低价，把他秋圃的屋子，强迫买去了。这便是鹊巢鸠占的一例。这还是假的，还有真正的鹊巢鸠占。"莫过乌衣巷，是别姓人家新画梁"，真使人凄然欲泣了。所见的人物，风度也都和以前不同。我亲见一个上等人，赤着脚，着了犊鼻裤，出来泡开水。可是这种人实在是安分的，他初无害于人，豪横的就无从说起了。我回里的第一天，我的堂房兄弟，便嘱咐我："上街走路，须要小心，不可同人家碰撞。碰撞了了不起的人，是可以惹出大祸的。"我自然循墙而走了。我这次回乡，本打算隐姓埋名，混在如海的万人中，使人家不再注意到我。谁知道一到故乡，黄包车夫认得我，理发匠认得我，我又何从说起呢？在乱后的故乡，买什么东西，都不容易。初一日到家，就向送报的人订报，直到初十日才送来，知道小沼的四周，都已在举办清乡了。这几天中，所见所闻，有诗为证：

短裙赤足漫提壶，察察应讥楚大夫。差胜车辕垂足坐，当筵使酒气豪粗。

见猎心犹喜，从鲭意未平。野人不争席，何处托吾生。

稍觉朱颜改，相逢白眼多。观书今懒甚，纵酒奈愁何？节物惊萧艾，生涯翳薜萝。五湖妖雾遍，未许觅渔蓑。

观书无从说起了。我在战前，原有书一百三十六箱。其中大箱极多，一箱可抵得人家两三箱。战后存在的，共有五十七箱，但非完整保存，都是给人家打开了箱子，将书抛散在地，事后经一个不甚识字的人，替我拾起来，胡乱装在业经破坏的箱子里的。自己的房屋毁坏了，分作两批，一批寄在我的妻家，一批寄在我的族侄屋里。回乡之后，因所居距离妻家路途较远，自己又只有两间屋子，寄存的书籍，依然未能取回。寄存在族侄家的，则因他的住宅，即在我北宅之北，两家互相毗连，乃拣书箱破坏得厉害的，先行取回几箱，一经发现，零乱破碎，几于不成样子。要想整理，简直无从下手。我当时想：连这些都毁灭掉，倒也痛快。我又赋诗一首：

　　读书益耶损？此事殊难计。少年寡思虑，谓书益神智。信哉六籍中，所言有伦纪。其如世异变，陈数非其义？庸夫墨守之，名实乃眩异。纷然丧所守，举武辄填踬。生心害于政，必或承其敝。信哉自扰之，天下本无事。安得祖龙焚，荡然返古始？万蔽一时除，勿复保糠秕。失马庸非福，塞翁达玄旨。

我这首诗，并不全是牢骚。我觉得读书的为利为害，确实难说的，而尤其是社会科学。假使在尧、舜的时代发明了火车，不会到现在，照他的法子忽然开不动，在周公的时代而发明了电灯，不会到现在，照他的法子忽然点不亮。至多是浅陋陈旧些罢了。那么，读古人自然科学的书，决不至于全上当。社会科学，就很难说了。且如现在，经商成为学问，货币也成为经济上的大问题。今人大抵笑古人愚昧，不知道商业的重要，而要讲什么贱商、抑商；又不知道货币之不可无，而欲废之而代以谷帛。如像现在所谓经济学理，恒存于天壤，只是古人没有发明。试想没有交换之世，安得有商业？无商业，安得有货币？当这时代，现在所谓商业的学理、货币的学理，都存在何处呢？然则古人所说的话，安能适合于今日？然而人，不读书则已，既读书，别说墨守，即极得鱼忘筌的人，也不免先入为主。一件事情横在面前，明明有问题的，也以为前人业经发明，更无问题；即使用心去想，其所得的结果，也不易越出前人的范围；而且世界上有许多该注意的现象，只因前人未曾提及，也就不知道其该注意了。天下有许多事情，往往出乎人们意料之外，使人们手足失措，就是为此。我尝说：世界上所以有大事，正和我们的屋子，住了一年要大扫除一次一样。灰尘、垃圾，都是平时堆积下来的。堆积了一年，扫除自然费力了。怎样才能使它不堆积起来呢？天天扫除，使其绝不堆积，或者也并非办法，谁又能按着堆积的情形，决定扫除的次数，并把它排列在适当的日期，使扫除也成为生活的节奏呢？屋子住了一年要扫除，是没人反对的，而且大多数人认为必要。社会上堆积着千万年的灰尘、垃圾，却赞成扫除的人少，反对扫除的人多，甚而至于把灰尘、垃圾，视为宝物，死命地加以保存。世界之所以多事，岂不以此？以上一番话，读者诸君，若肯平心细想，读书的为利为害，岂不真成为问题吗？

　　理书真是无从理起。然而枯坐无聊之时，总得拉两本来，姑作消遣。所拉的，自然要求其不残缺、不破损。在这条件之下，所拉到的，乃是一八八〇年，即清光绪六年慕维廉所撰的《大英国志》，经人翻译出来的，还是木刻大字本。这部书的年龄，比我还大。我倒把它读了一遍，真堪一笑。

　　这几天之内，有个朋友，请我到茶馆里去吃点心。下邑有名的点心，除前述的包子外，尚有一种光饼。光饼又分大小两种：大的有甜咸馅心；小的则没有，可是亦极松香可口。据我所记忆：大光饼最初是六文一个，小光饼两文。大光饼的价格，可以自由涨落，小光饼却不能。故老相传，说"曾遇凶年，有些饥民，专恃此以活命。所以曾经官府禁约，非经禀准，不许擅自增价"。所以下邑的小光饼，从前有个别名，唤作"老荒"。禁约虽不知在何年；后来的官府，或亦不知此事；然在未有铜圆之前，小光饼的价格，确实始终维持不变。到铜圆通行以后，大光饼才增为每个十文，小光饼也从十文四个，十文三个，五文一个，逐渐涨价。到战前，大光饼涨至每个法币四分或五分，小光饼则二分三个。到这位朋友请我吃点心的时候，则大光饼每个一元，小光饼每个四角了。归途买笔，从前一角二分的，此时增至两元。到我写这篇文字的时候，则增至五十六元了。

　　当我还没有回乡的时候，就有乡间的学校，邀请我和我的女孩去教书。我们因为乡间的学校，宗旨尚属纯正，就应允了。我兼两处之课：一处地名泊堤镇，一处名小虔庙。我女孩所在的地方，名为马堤镇。半年之后，我的女孩也从马堤镇转到泊堤镇了。又半年，我俩把泊堤镇的事情辞掉了。我在小虔庙，又勾留了半年。我女孩则到一处地方，名为履尾，教了一年书，今后又想转往走马村。我则离开小虔庙以后，就姑安家食了。我们在各处，都就住宿在学校里。只有在泊堤镇时，父女俩同僦居于韦姓的小楼上。房主人的父母，在战时均已年过七十，随众走至湖南。他母亲间关而归，父亲则走至贵阳，到达后没半个月就死了。房主人至今不敢告知他的母亲，亦不敢戴孝。他的母亲，好在是不识字的，所以并不以他的父亲没有来信而生疑，至今还眼巴巴望着她的丈夫，从万里外归来呢！我又感赋五律一章：

　　干戈满天地，垂老惜分飞。肠断犹萦梦，眼穿终不

归。椎心营野祭，忍泪着菜衣。多少虫沙化，何心为尔悲？

　　到乡间不久，我同居的堂弟，因外科中毒，猝然辞世了。这是三十一年十月初六的事。这时候，我在泊堤镇，我的女孩在马堤镇，两处相距不远，家人派急足报告我，我便到马堤镇告诉她。可是两人均无证件，不得入城。在马堤镇设法不成，又同到泊堤镇，费尽九牛二虎之力，才得被人带挈入城，替他把后事办了。此时市上，起码可用的棺木一具，价自四千元至六千元。幸有亲戚娄君，认得一个七十一岁的木业中人，他现在虽不营业，而某木肆主人，还是他的徒弟。仰仗他的大力，才得以二千五百

元成交。入殓之日，不及多知会亲友。少数的至亲密友，所吃的饭菜，是几家亲戚的妇女们，替我们上街买，动手做的。可是饮食和一切杂费，也用至四千元。然而如今又非昔比了。在我写这一篇文字以前约一星期，我这堂房兄弟的内侄死了，棺木价格是五万元，亦和我堂房兄弟所用的棺木，无甚上下。

其余一切物价，继长增高，亦大致如此。可知在今日，生存和死亡，同一不易了。去年夏间，我妻在病中买食大光饼，价格是每个十二元。至十月十三日，因证明文件要更改，我和我的妻，同到照相馆里照相，归途顺便在茶馆里吃些包子、光饼。那时候，包子是每个四元；大光饼每个二十四元；茶两人一壶，每壶五元。现在，大光饼增至四十元至五十元；小光饼自六元至十元；包子每个十元；茶每壶十六元，连小账二十元。若到饭店吃猪肉一碗，我回乡之岁，系廿四元，后增至三十六元；去年夏间一百五十二元；现在是三百五十二元了。我的女孩，有一个女友，流落在异乡。多人传说："她那地方的物价，已经涨起四十五倍了。"我和我的妻，在上茶馆的归途中，不胜惦念着她，"她一个女孩子，流落在物价那么贵的地方，怎样过活呢？"谁知不久得到她的来信：她在那里吃包饭，每月仅四百五十元，每餐有两荤、两素、一汤。一个月之中，有三天加膳，她那里的俗名，称为"牙祭"，荤素菜都加倍。并说在她那里的人，到星期日，夫妇两个，可以换着新衣，上馆子去吃一顿。较诸我们两口子，仅能偶然上街，吃几个光饼、包子的，幸福得多了。人言之不可信，于此可见一斑。

南宅的房客，虽然百端狡赖，到三十二年底，终于出屋了。我将其大部分分租与人，自己也留着一小部分。我在两间屋子之外，才多了五间屋子。这一所房子，我小时候本来住居在内的。后来随宦江南，再归故乡，此屋因离乡时租赁与人，就始终住在北宅。今年正月十八日，我再归南宅，屈指离开这屋子，已经五十年有余了。感赋两绝：

> 五十余年始复归，乡关零落怅何依？云飞伫看金风起，扶杖犹思驻夕晖。

> 乘风破浪成虚语，合笑当年志事衰。差喜青灯黄卷在，尚应有味似儿时。

我本是除读几句书之外，一无所能的。我的妻也衰老了，而且年来多病。这两年来，家计的支持，田园的整理，倒靠着我的女孩，奔走擘画。而我的女孩，也已届三十之年了。我在她的生日，又作了五律两首：

> 汝大知吾老，家贫长苦饥。心应随鹄举，迹笑似牺牷。播越浙江海，称名愧斗箕。榛苓今在望，畏约岂无涯？

井里全墟日，衰迟欲逮年。经营吾愧拙，枝柱汝维贤。寄意丹青外，娱情沼址边。丰颜宜善惜，休遣换华颠。

"洛阳亲友如相问，一片冰心在玉壶"，我两年来的生活状况，大略都在这几首诗中了。"此身合是诗人未？"

原载1944年10月10日《文艺春秋》丛刊之一《两年》

义州游记

十月初八日，为旧历八月二十七孔子生日假期，初九、初十、十一三日，为国庆假期，程君伯商、郭君西农相约同游义州，一观朝鲜风俗，并历五龙背、安东、新义州三处，所至并无详细考查，不过游览而已。姑志所见闻，以供同人阅览。

初八日，晴。晨八时半，登安奉车，五十分车开。安奉路者，清光绪三十、三十一年日俄战时，日人所筑轻便铁道，三十一年十一月二十六日，在北京订善后条约，许其改筑广轨，嗣因购地事，彼此多有争执，日人乃自由行动兴工，我国不能禁也。工始于宣统元年六月二十二日，三年十月十一日行开车礼，全路有隧道二十四，桥梁二百余，隧道最长者在福金岭，在本溪东南八里，凡四千六百五十一尺。桥之最长者，跨太子河，千六百九十四尺，全路之长，凡四百七十二里。东边一道，除沿海一二小口岸，以及鸭绿江下流与朝鲜贸易处外，交通率皆梗塞，自此路成，而形势乃一变矣。

自沈阳东南行百三十里至本溪，本溪旧名窑街，以地有陶器得名，雍正前即有此名，今奉省所用水缸等仍出于此，产石灰亦甚多。煤矿不知始于何时，乾隆间开采颇盛，日俄战后，乃设中日合办煤矿公司。宣统三年，日人又于其东五十余里觅得铁矿，乃改称煤铁公司焉。自车中望之，屋舍鳞次，烟囱林立，颇觉繁盛也。又二十六里而至桥头，自桥头至连山关，约六十里，路线与细河并行，两面皆山，丹枫被之，间以苍松，景色极佳。

连山关，距沈阳百五十一里，清时，于辽阳以东置驿八，连山关其一也。八驿者，曰大安平，曰浪子山，曰甜水站，曰连山关，曰通远堡，曰雪里站，曰凤凰城，曰汤山城。凤凰城在连山关东南六十四里，以山名。山在城东南二里，上有废墟，朝鲜史家谓为高句丽永乐大王百八城之一云。又东南至高丽门，为清时六边门之一。清未入关时，东境以边墙为限，其外则弃为瓯脱焉，边墙遗迹，今犹有可见者，凤城、安东以之分界。四时抵五龙背，五龙背距安东四十二里，地有温泉，中日之战，日军寻得之。日俄战时，日人设所于此，以疗养创病之兵。战后，日人庵谷氏，于此设浴场，并起旅馆，曰五龙阁。今乘安奉车至五龙背，凡买来回票者，价皆七折，盖以招徕游客也。是夜，即宿五龙阁中，脱履而入，席地而坐，侍女跽而进食，如见三古之风矣。

初九日，晴。晨起，附车至安东，安东之成市镇，盖数十年来事耳。咸丰以前，辽东沿海贸易，在大东沟与大孤山，与朝鲜贸易，则在九连城，安东殆无居人。同治中，登、莱之民，始有来此耕渔者，辽东之民，亦渐至焉，始成村落。二曰沙河子沙河镇，光绪二年，于此设县治焉。大东沟、大孤山、九连城之商业，皆渐移于此，今则出入货价，约值三千万元矣。出口以大豆、高粱、玉蜀黍、山蚕、材木为大宗，入口以绵布、麦粉、茶、糖、煤油、火柴为大宗。有日租界，又有属于铁路公司之地，布置皆极整齐，中国街市，不能逮也。

自车站出，乘人力车过鸭绿江，桥长二千九百五十余尺，工事二年乃成云。在桥上口占一诗："衣带盈盈鸭绿江，当年曾此赌兴亡。中原龙战玄黄血，海外夫余更可王。"渡江，为新义州界，抵领事馆，晤主事刘君康甫，刘君言此间华侨二千，苦力居半，营商业者亦无大资本，有本钱现洋数百元者，即为雄厚矣。有一商会，以无大商，故魄力亦不厚。商会设一小学，学生仅三十，学龄儿童，固不止此，劝侨民子弟悉入学，事固甚难，学校既无经费，又无地，教员仅一人，欲图扩充，亦无从措手也。日人程度亦不高，以致遇有交涉，颇为费力云。朝鲜人苦税重，又不能无亡国之感，时有反抗之举。刘君言此间日本旅馆，价贵而不佳，不如回安东住中国旅馆，予等一茶后，乃兴辞而出。新义州街市甚寂寥，然布置规划，亦极整齐。华人聚居处，谓之中国街，入之，则湫隘嚣尘，不洁之状，匪笔能罄，真可愧也。闻小学即在商会后，然寻商会不得，想因路途不熟之故。游览略遍，腹中甚饥，乃仍乘人力车归安东，半日之间，出国入国已。凡朝鲜人过界，皆须持验护照，中国人入朝鲜不然。盖日人入中国境，亦通行无阻也。

朝鲜人皆白禅衣白帽，盖古深衣冠布之制也。案《郊特牲》，太古冠布，斋则缁之。《正义》：其冠惟用白布，常所冠也。若其斋戒，则染之为缁。《方言》：以布而无缘，敝而紩之，谓之褴褛。《说文》亦训褴为无缘。盖古深衣皆有缘，其无缘者谓之褴褛，乃为俭也。周时冠皆缁布，白布之冠，惟冠礼之始用之，示不忘本。衣尤无无缘者，故士会言楚若敖蚡冒，筚路蓝缕，以启山林，以为俭也。案朝鲜礼俗，皆受之殷，见于《三国志》《后汉书》《南史》《北史》者，不可遍举。此白禅衣白布帽，亦必受之自古矣。感赋一诗："亥子明夷事可思，深衣白帽见殷遗。何当一舸丸都去，更访当年永乐碑。"抵安东，止于鸭江春逆旅，伯商亦赋新诗一首，云："鸭绿江，鸭绿江，你是分开自由与不自由的江。在你一边的自由，已经被驱逐了，强权当道，压力横施，凄惨情形，不堪言状。在那一边的自由，还算将亡未亡。鸭绿江，你何不卷起很大的风浪，把那强权，一齐扫荡。"饭后，出游市街，繁盛状况，不下沈阳也。途遇江君式古，江君名廷训，本校理化专修科毕业生，今兼任甲、乙种商业学校教员，方送友人如车站，约傍晚来访。是日，天气颇热，予辈行甚渴，乃还旅馆饮茶，旋复至日租界游览，街市规划，亦较中国街整齐，吾国对此，不可不猛省也。入一日本书肆，各买风景明信片数张，以为纪念。傍晚，返旅馆，则江君已来过矣。坐定，江君又至，欲约明日晚餐，以拟赴旧义州，还安东不能准定时刻，敬辞。江君改约后日，固辞不获，乃约明日还安东后再定。

初十日，晨起阴，旋晴。再至新义州，闻自新义州至旧义州，有摩托车可乘，而未审车行所在，问诸警察，乃知为定时开行之公乘之车，自八时至十二时，二时至六时，往来各开十次云。乘人力车至其地，榜曰多田商会自动车部。每次售票，以七人为限，时仅十时，而十二时以前之票，皆已售罄。不得已，乃购二时行之票焉。既购票，复至附近之地游览，已乃入日人所设西餐店午餐，店甚小，欲吃鸡且不可得，又寻面包而无之，肴馔不中不西，又不似日本馔，殊可笑也。

二时，乘摩托车赴旧义州，计程四十余里，历四十五分钟乃达。盖道不甚平，车又已敝，故行迟也。下车，则见关门，额曰海东第一关，犹朝鲜旧物也。关外皆茅屋，入关，屋宇尤低，高者予可攀其檐，低者行檐下将碍帽。不半里，见高丘，左折而登，官署在其址，又登，有标，书曰义州公园，旁书大正即位纪念，更升其颠，有亭曰统军。北望，见关门之外，山势逶迤而为平野。鸭江环丘下如带，隔江群山若屏列，亭有朝鲜任疏庵叔英所撰序，刻木悬正中，字小，又有模糊处，不能细读。后有大正三年十月重修记，日本所置平安北道长官睿堂川上常郎撰，亦镌木，则字迹清晰可辨，记言统军之名，不知所由来，中日、日俄之战，日军皆驻此，彼乃以为谶合云。口占一绝："营丘高耸马訾横，对岸群山列似屏。谁使邪摩来应谶，春风坐领统军亭。"时有一朝鲜学生亦来游，西农操日语与语，问义州更有名胜可游览否？除自关门至此，更有市肆否？皆言无有。乃下，出关，更乘摩托车归，车将开而坏，坐待其修理，历半小时，更成一诗，以志义州："檐低时碍帽，巷小劣容车。茅舍对残堞，宫衙依废墟。山夷平野阔，江近稻田腴。雄阙题署在，重闭意如何。"

还逆旅，江君式古来，约明日午饭，予辈以近日夜睡甚不适，明日上午，拟即趁车还奉，坚辞之，江君乃改约晨八时，在后聚宝街聚仙阁会餐，拳拳之意，殊可感也。

江君去后，饮者大器，盖鸭江春乃以饭庄兼逆旅者也。不徒不能卧，亦不能坐读，避之之处，辗转不得，最后乃得一策，赴中华舞台观剧焉。剧甚无味，不新不旧，情节尤为不伦。予素不观剧，在上海七年，观剧不过十余次，尚强半非出自愿。今日到此，聊胜于旅馆中听猜拳哗笑之噪音而已，一笑。十时半，度饮者已散，遂还。

是日为国庆节，安东各学校及公共团体，午前皆集道前庆祝，商店则升国旗而已。

十一日，阴。晨赴江君之约，同席者，安东陶君子言安东劝学所所长，李君庚襄东边道立中学校校长，兼道教育会会长，沈阳臧君斌如安东甲种商业学校校长。谈次，知安东教育经费，亦甚竭蹶，又以币制紊乱，商人不得不用日币，市价为日人所操纵，商务亦颇受损失云。食罢，遂行。江君又送予等至沙河镇，并赠予等水果数种。十一时十分，车行，七时十分抵沈阳。在连山关至桥头道中成一诗："两山被红叶，车行一径间。下有细河流，并彀鸣潺湲。十里见一邑，五里见一村。妇稚各自得，鸡犬静不喧。每怀避世意，窃爱山景闲。所恨渔人多，破此秦桃源。"抵沈阳，与伯商、西农，小饮酒家，然后入校，即席又成一诗："不耐悬车后，何人霸此州。山川销王气，风雨入边愁。放虎知谁咎，嗷鸿况未休。殷忧那向好，且上酒家楼。"予弃诗文几二十年，平时偶有所感，得一二劲句，亦恒不足成一章，良不欲用心于此也。近忽三日而作诗六章，诚近年来罕有之事。然所作无异俚吟已，拳不离手，曲不离口，鞶帨之饰，固亦小道可观矣。

朝鲜为东方君子之国，亚洲诸国，濡染中国之文化，无如朝鲜之深者。日本其后起者也，安南抑尤不逮已。近人争言舍力征而尚文治，若朝鲜其庶几哉。其尚道义，耻诈谖，贱争攘，无一不与我同，真我高第弟子也。虽一时见诎于人乎？然有小诎必有大信，天道好还，武力其可终恃哉！朝鲜与吾，感情尤洽，远者且勿论，王氏世尚元公主，附于元若外臣，明祖之兴，其末主欲举兵犯境，国人弗欲。李朝太祖，因民心之弗顺，以覆王氏。自太祖至于成宗，九世百年，皆锐意振兴文化，海东文物，灿焉备矣。丰臣秀吉之侵朝鲜，明神宗倾国援之，虽无大功，而朝鲜人感念其意不衰。明之末造，力屈于清，播越者再，然终阴助明。清世祖既入关，朝鲜孝宗犹训卒砺兵，欲伺其后，既不获报，肃宗时，仍筑大报坛，以太牢祀神宗。英祖时，又尊祀太祖及毅宗焉。模刻明成化中所赐印，为子孙嗣位之宝。正祖辑《尊周汇编》，三致尊攘之意，终李朝，未尝用清年号，奉其正朔。吾有朝鲜之友二人，皆言朝鲜中国，犹一家也。每阅报，见中国国事败坏，即愤惋，曰：已矣，无可为也已。夫以数千年之历史言之，则中国之于朝鲜，诚犹长兄之于鞠子也。死丧之威，兄弟孔怀，而今中国之于朝鲜何如哉！

原载《沈阳高师周刊》1920年版

三十年来之出版界
（一八九四至一九二三）

　　余年十一，岁在甲午，而中日之战起，国蹙师燔，创深痛巨；海内士夫，始群起而谋改革。于是新书新报，日增月盛。迄今岁癸亥，既三十年矣！遂无成业，终作蠹鱼。默数此三十年中，新书新报，接吾耳目者几何？其能动撼社会者几何？其忽焉若烟云之过眼，今之人，已莫能举其名者几何？岂欲为此三十年中作经籍志哉？风气之变迁，学术之进退，固于是可见其略焉。述三十年来之出版界。

　　吾国新书新报之能动撼社会也，自《时务报》始也（前此虽有教会所出之书报，不足论，见后）。《时务报》者，方中日战事之殷，公车士子，群集京师，上书请迁都续战，由康有为主稿（有为凡七上书，此其第二也），格不达和议既成，有为等乃立强学会于京师（强学会虽遭封禁，然此后数年间，学会之继起者颇多），欲以昌讲学之风，振士气，谋变革。刊行书报，则会中所拟办之第一事也。未几，会被封禁。丙申，钱塘汪康年创时务于上海，由梁启超主笔政（《时务报》初起，几由梁一人主持；汪虽间作论说，然无其关系也。后乃有顺德麦孟华、余杭章炳麟、三水徐勤、归善欧榘甲等，分任撰述）。报既出，风行海内。销数最多时，至万六七千份，后此之书报，迄未有也（此由当时新书新报之少，阅者专于一也）。风会所播，旬报、月报、半月报等，纷然而起。其最著者，由澳门之《知新报》、天津之《国闻报》、湖南之《湘学报》是也（《知新报》由梁启超遥主其事。《国闻报》严复所创。《湘学报》则谭嗣同、唐才常皆有著述焉。是时陈宝箴为湖南巡抚，厉行新政，湖南为新学蔚起之地也）。其论皆主变法维新；于外事所知实浅，多旧时所谓经济家之论而已。其能得当时士夫之称许，亦以此也。启超等既以旬报等震动海内，更谋翻译书籍，又谋改善日报（前此只有《申报》《新闻报》两家，多记官场消息、各地商情琐事而已）。丁酉冬，创大同译书局于上海。明年，出日报一种，名《时务日报》。夏，康梁进用，新政行。孝钦及守旧大臣害之。德宗知变将作，命改《时务报》为官报，任启超督其事，实阴令避祸也。令下，汪康年以《时务报》为商股拒之，于是改《时务报》之名曰《昌言报》，改《时务日报》之名曰《中外日报》。未几，京师变起，六君子流血东市，康梁皆走海外。新报多停办，存者亦钳口结舌，莫敢发论，新机为之一窒焉。

时上海独有一《苏报》，持论侃侃，抵谟中朝，称誉康梁不少屈。新者徒得之，若居空山者之闻人足音焉。尔后六七年中，《苏报》常为持新论者所走集，以此也。旬报之中，独有一《亚东时报》，为日本人所出，亦诋政府无所忌。启超既走日本，创旬报于横滨，曰《清议》。词多诋孝钦，主扶德宗亲政。是时禁令严，邮递甚难。《清议报》虽出满百册，然内地罕得睹。启超所办诸报，影响以此为最微矣。自戊戌政变迄庚子，八股既复，士复沉溺于帖括，事新学者少，新书新报出版亦不多。一二喜新之士，仍主变法之论。所共愿者，则黜孝钦，扶德宗亲政，复行戊戌新政而已。

庚子以后，舆论乃一大变。前此喜新之士，多以改革望诸朝廷，其所慕，则俄之大彼得，日本之明治也。庚子以后，知朝廷之无可与语；又知改革政治，其原来实在人民；必分政府之权，以畀人民而后可；于是拟议及于政体，而立宪革命之论萌焉。丁斯时也，杂志之应运而出者，则《新民丛报》及《民报》是也。《新民丛报》者，发刊于辛丑之冬，亦梁启超所办。其转移风气之力，与《时务报》相埒。时清廷方貌行新政，以敷衍人民；书报禁递，已不甚严，故其销数亦几埒《时务报》。《时务报》多论政事，《新民丛报》则多砭针人民，欧西思想习俗与中国不同之处，乃渐明了。自由、平等、热诚、冒险、毅力、自尊、自治、公德、私德诸多名词，乃为人人所耳熟。今日中年以上之人，其思想，尚多受诸此报者也。多载泰西名人学案传记，多数人乃渐知西方学术之真相。又多以新思想论旧学术，后此治新学者之喜研国故，亦实肇端于是焉（初有新书时，议论尚皆以中国为本位，自无所谓国故之论。辛壬以后，欧化之趋势渐甚，而国故之论乃同时发生。其时谓之国粹。上海发行《国粹学报》，持续最久，且当时尚印行旧书多种，最足为研究国故者之代表。后此虽有此类机关，大率不旋踵而停办矣。然欧化之趋势虽盛，国故论迄亦绵延不绝也。予谓研究国故，自为今日学术界之要图。但通观前此之研究国故者，实有二弊：一则自号为新，而思想不免陈旧；二则遇趋于新，疑古太甚，实未明国故之性质。二者相较，楚固失矣，齐亦未为得也。至于目光专注于收藏家，多印书画等美术之品，以为牟利之计，虽亦不能谓其无益学术，然实非目前急务，此则骨董家之变相，更不足语于学术矣。要之新方法整理旧国故，今虽已启其机，然其盛大，则尚有待也）。其于政治，初主革命，自由主义，种族之戚，情见乎词。而康有为方游欧洲，以为革命之祸，易发难收，诒书诤之。壬寅癸卯之际，启超乃亦改主立宪。时则主革命者有《民报》，章炳麟、胡汉民实主其事。两报争辩极烈。然《新民丛报》发行较早；启超办报久，为海内人士所信较深；《民报》亦禁邮递，内地之人，得见者罕：故革命论之盛，卒不及立宪也。此数年中，留学日本之士大盛，谋译书出报者亦不乏，最早者《译书汇编》为月刊，继起者多以省份，如湖北人所出之《湖北学生界》、江苏人所出《江苏》、浙江人所出之《浙江潮》等是也。上海亦有继起者，如《翻译世界》《大陆报》《新世界学报》等是也。多不久停刊，故影响不巨。译书出版者亦多。然除一严复外，亦率尔操觚之作多，而精心结撰之作少；所译之书，又多俯拾即是，鲜加选择：故其书流播不久。然一时风起云涌，使社会耳目一新，亦不能谓其全无功绩也。

日俄战后，立宪之论益炽。清廷为舆论所迫，乃有派五大臣出洋考察宪政之举，旋下诏预备立宪。适宣统朝，则宪政施行，既有定期，咨议局、资政院亦相继设立矣。于是主革命者，亦不甚从事于言论。而梁启超等乃又创《国风报》于日本。除策励国民外，所论列者，以宪法及财政为多。非稍通政治学者，不能尽了其义。故《国风报》之销数虽与《新民丛报》相仿佛，然其议论之深入于人人之心，而足以转移风气，则远不及也。

吾述三十年来之出版界，独先缕缕于杂志者，以书报相较，报之力大于书；而以杂志与日报相较，则杂志之力，大于日报也。今请一论书籍之情况。盖吾国之有译籍旧矣，从教会中人始也。其后乃有制造局所译。稍通外情之士亦间有从事于此者，若王韬是也，然举世鲜或措意。《时务报》既出，乃大声疾呼，劝人读西书。梁启超撰《西学书目表》《读西学书法》各一卷，刊布焉。然是时驰骛新说者，多旧学稍有根柢之士，年多在三四十以上，科学非所好；而政治法律等书，前此译出者，率无足观；哲学社会学更无论矣：故好读者仍鲜。斯时变法维新之论，所慕者既为俄之大彼得，日本之明治，其目光自全注于政治。以为革政其本，而械器工艺其末；政治苟变，此等细目，自随弘纲之举而毕张。故所欲译者，首在政法一类之书（当时分两学为两大类，曰政，曰艺）。大同译书局序例（当时无发刊辞、宣言书等名目，无论创办何事，宣布宗旨和办法之文，皆称叙例），所言即此义也。局既设，事未及举，而朝政已变，局亦停闭。时则学东文以译书之论大盛，认识日本假名，稍肄其文法，以读彼国文义稍深之书，当时所谓"和文汉读"者，国文既通之人，殆旬月即可蒇事。一时从事于此者颇多。然庚子以前，新机窒塞，所译出者甚少。辛丑而后，留东学生骤盛，海内治新学者亦多，而译籍乃日出。然其所译，率尔操觚之作多，精心结撰之作少，已如前述。时则移译东籍，为留东学生及海上文士稻粱资斧之谋，亦为书贾射利之业。其初上海之译印新书者，以广智书局为巨擘，文明书局次之（此外惟作新社所译较多；金粟斋所出虽不多，而皆尚好；又次则推昌明公司矣。然皆不久停闭）。商务印书馆初起，注重印刷，自出之书甚少也。然广智书局为保皇党人所主持，非真能营商业者。文明译书，亦不足述。而其时学校渐多，教科用书，皆取诸文明，营业颇盛。既忽以他故，停滞不进。而壬癸之际商务大肆力于教科书。其书一出，颇有涵盖一切之势；营业遂蒸蒸日上。浸至在新书业中，首屈一指焉（其后继起之大公司，唯图书公司及中华书局两家。图书公司初起时，规模颇大，以营业不善，卒致失败。中华则乘国体改革之际而崛起者也）。于是书贾营业，以教科书为大宗，译籍顾居其次。译出之书，以法制经济为最多，以当时求学者趋重于此也。次则小说，亦颇风行；而林纾所译，尤负时誉。

民国肇建，出版界亦焕然改观。其时日报骤增，北京、上海，新出者皆至数十种，激进、稳健两派，訾謷若水火，皆借报纸为机关，几令人目迷五色。赣宁战后，民党报纸皆停印，而舆论乃后沉静焉。方其盛时，两党互诋，皆近叫嚣；真能平心静气，以商榷是非者绝少，虽或援据不论，侈陈法理，亦多取其便于己者用之；或不惜曲说以申党议；违心之讥，两党皆所不免也。民党中唯章士钊一派，持论最持平；不曲阿己党，持调停之说甚力。所出《独立周报》，评论时事，多中肯綮。赣宁战后，章又出月刊一种，以出版之岁名之，曰《甲寅》。仍力主调和之说，时朝野疾视民党，一切务反清代之规模，时人谥之曰"复古"，虽贤者不免有此偏见。章等独斤斤以为不可，以视其前此著论，力斥国民党之骄横者，判然若两人，斯尤可谓中立不倚者也。其较偏于旧者，则有康有为以独力所出之《不忍杂志》，梁启超等在北京所出之《庸言报》，及其后中华书局所办由梁主任之《大中华》。有为为主张变法最早之人，顾当是时，力主因循旧政，保守旧俗，不惜出其一身以与举世抗，可谓姜桂之性，老而愈辣，君子观于此，然后知其能创变法之议，于举世不为之日者，为有由也。其所言之是非姑勿论，抑足以愧世之觊邀时誉，随俗俯仰者矣。此数种杂志，在当时皆足针砭时俗。顾其时之社会，混乱已极。粗猛者为暴民间，几同肆掠，夸毗者献媚政府，冀饱贪囊。无复系心国家，眷怀民俗者。虽复仁人志士，人百其身，犹未易改发聋振聩之效，况于群言混乱，谠言正论，且不易占势力于社会乎？丁斯时也，恶劣之小说，乃风行一时。如《礼拜六》《白相朋友》等，销场之广，教科书而外，几乎无与比伦。迄于今日，其遗风余烈，且犹未沫，斯则人心腐败之铁证矣（译小说最早者，当推《时务报》。所译《华生包探案》及《长生术》等，皆附载报中。自后日报杂志，亦多附有小说，然出单行本者尚少。壬癸以后，译业既兴，小说亦随之而盛。仍以翻译者居多。自撰者不过十之二而已，虽名著寥寥，大都无关宏旨，尚多不失曲终奏雅之义也。至民国二三年以后，乃鄙陋一无足观；且恶劣无所不至。当六七年间，上海《时事新报》，征求各种社会黑幕，揭载报端。本所以抉发神奸，非以供茶余饭后之读助也。初时应征之稿，颇有佳者，其后渐不可信，该报因之停载，乃海上牟利之徒遂尔踵事增华，向壁虚造，而有所谓黑幕一类之小说，斯真奇想天开，抑也无孔不入矣）。

癸丑以后，社会之空气，沉闷已极。稍新之议论，几于不可复见。而陈独秀等所办之《新青年》，独扶翼新机，力斥当时复古之说。《新青年》后此之叫嚣漫骂，诚不无可议。然在此时，则可谓庸中佼佼者矣。袁氏死后，人心稍苏；复古之梦，随之而醒。是时北京大学，亦以主持易人，新机大启。所出书报，于社会主义及哲学、文学、科学，皆有所提倡。其议论，较诸前此通行之说，实觉新颖透辟，一时遂有风行草偃之势。近数年来，所谓新思想新文化，皆导源于是时也。一时转移风气，为力最巨者，当推《新青年》《新潮》两杂志。而稍晚出之《建设杂志》，议论尤切实焉。此外有名之杂志尚多；新译及国人自著之书亦不少；即日报，亦多特出附张研究学术者。学风之盛，洵前此所未有也。上皆目前之事，人人所知，不负赘论。

三十年来出版界之情形如此，所述虽略，然其变迁固大略可睹矣。今请进而述吾之所感。

三十年来动撼社会之力，必推杂志为最巨。凡风气将转迻时，必有一两种杂志为之唱率；而是时变动之方向，即惟此一二种杂志之马首是瞻。是何也？曰：凡社会之变动，骤观之，一若由于理性，而实皆驱率于感情。日报专事记载，不重议论，其能激动人感情之处甚少。书籍说理较深，又多译自异国，其所言，非必为目前利害切身之事。非如杂志，多吾国人自箸之论，皆针对当时之人发言；又其声情激越，足以动人之感情也。然则今日之风气，所以竞趋于新，一若旧政旧俗，无一足以保存者，其故可深长思矣。今日稳健之士，每訾喜新者流，事事欲效法他人，而尽忘其故；又或讥此辈于异国之事，亦无真知灼见。其言亦诚有片面之理由。殊不知社会当变动时，本非有所慕于彼，而思竭力以赴之之问题，乃皆有所恶于此，而急欲排而去之之问题耳。自新说创导以来，能激刺人之感情，而支配其行为，俨若具有魔力者，无如（一）民主，（二）决弃旧礼俗，（三）社会主义之论。夫昔日之君主专制，则诚恶矣；今效法欧美之代议政体，其善安在？旧时礼俗，诚哉不宜于今；然一旦决而去之，将何以代之？此又新者徒所茫然无以为答者也。社会主义，诚救世根本之谈；然现在之蹙焉若不可终日者，又岂尽资本家之咎？此理甚明，人所易晓，而今之人顾若熟视无睹；即明知之，其主张之激烈，亦曾不少减，是何也？则所恶于旧者既深，急欲决而去之，而其余遂有所不及顾也。人之情，有所恶于此，必有所慕于彼，其所慕者，未尝有一时一地焉，曾现之于实也。然情感所迫，往往能造为幻象以自慰，虽明知其未尝实见，亦不恤谓有一时一地焉，曾现之于实以自欺。言三成虎，况于一国？合多数人之心理而皆如是，则所慕虽幻，亦若实有其事矣。故今日之称颂西欧，犹其昔日之讴歌三代，非必真知三代之若何善美也，有所疾于今，则凡与今反对者，一切托之于古云尔。故曰："尧舜之美，千载之积誉；而桀纣之恶，千载之积毁也。"然君子观于此，不訾大多数人识见之浅短，所慕者之不确实，而转以此知旧俗之必不可以复存。何则？多数人所慕之新，固或为镜花水月，然其痛心疾首于旧，则已彰明较著矣。夫世固未有为大多数人所痛心疾首，而犹能存焉者也。故君子所观察之事实，与常人同，而其所得之结论，恒与常人异（今人訾吾国民有否定性而无肯定性，亦即此理；初不足为吾国民咎也。何则？彼固惟知旧者之当去，而未尝知何者之当从也。以前譬明之，则知君主专制之不善，而未知何种政体为善也；知旧礼俗之不适，而未知新礼俗当如何也；知私有财产制度之为乱源，而未知当代以何种经济组织也；其采用代议政体等，乃适然之事，非真知其善而采取之也。此等现象，非独今日，亦非独吾国；伊古以来，大变革之际，皆系如此。其初皆惟知除旧，至新者之建设，则破坏后因缘交会而成，非破坏前所豫定也，破坏前所幻想欲建设之境，其后大抵不能实现）。

中国人好发空论而不能做实事，此今人所为悲观者也。予谓此亦不足虑，何者？事实难变，而精神易于耸动，此为自然之势，无可如何。夫徒发空论，诚无益。然使人人之心思，顽固不变，而欲求事实之改变，不可得也。理想者事实之母；以中国土地之大，交通之不便，数千年来旧习惯之深，而运动不过卅年，全国舆论，即已大略一致，固亦不可谓迟矣。语曰：一纸书贤于十万师。就卅年来事观之，诚哉其然也。此亦出版界中人，所差堪自慰者也。

文字宜于通俗，此观诸近数年来之事而可知者也。中国向者，亦非全不用通俗文。然其意，以为此以语妇孺及农工商之流耳（如官府所出白话告示及民间所刊善书是也），非所以语读书之士也。新书报初出时，其意盖犹如此？故虽有白话书报，而亦无人过问，以此等人本不读书，而自读书人言之，则此等书无足读也。近数年来，新文学之说既倡，著书多用语体而学校生徒之能读书者大增，书报之销行益广，此其中固亦有他种原因，然文字艰深之隔阂既除，而学术之研究遂易，则事实昭然，不可掩矣。予固不谓旧文学可废，亦不谓新文学胜于旧文学，然文字艰深之弊去，俾学者节省日力，则教育易于普及，而学术程度，可以提高，则事实昭然，不可掩也。

合三十年来之出版界观之，学问智识，诚觉后胜于前，然道德则似反不逮，信用亦较前为弱，此则著述界中人，所亟宜自警者也。犹忆戊戌以前，新书新报初出，执笔者皆一时之俊，诚有救国牖民之热忱，既非以邀名，亦非以牟利：故其言论，能为薄海所信仰。即其时从事日报者，亦多秉公审慎，不敢妄肆雌黄。故热心公益之士，以得报纸之称誉为荣；而束身自好之流，以受报纸之讥弹为辱。庚子以前，盖犹如此。辛丑以后，新机大启，书报日出，然率尔操觚之作转多。或则曲学阿世，不顾是非；或则务伸己说，淆乱黑白；甚有造作谰语，诬蔑异己者。于是报纸始为海内所齿冷，受其誉者不足为荣，为所毁者不足为辱。其监督社会、指导舆论之力，一落千丈矣（受人津贴，为之机关者，更不足论）。即以智识论，后此佼佼之士，所知诚突过前人，然此就其中少数人论之耳，若合全体言之，则前此非真有学问之士，不敢执笔；后此则弱冠之子、浅学之徒，亦皆伸纸握笔，俨然著论矣。夫学术之深浅，品评亦视乎其时。前人所知虽浅，然在其时自为第一流，故能得人之信仰也，今若此，安得不为人所易视哉。又问题之讨论、学术之研究，诚以集思广益而愈明，然亦必确有所见，方可出其所怀，以与大众商榷。若事实尚未明了，即已借箸代筹；读书初未终篇，亦欲斐然有作，而亦长篇累牍，登诸报端；或则旗鼓相当，辩争无已，此则徒耗读者之日力耳。不徒出版机关，滥用种种方法，以招致此曹投稿为不当；即学者如是其求速化，亦非大器晚成之道也。

处今日之情势，已非大资本不能营书业。盖旧时书贾之刻书，销场佳者，三年而仅偿其刻版之费，自此以往，乃得薄利焉。今则印刷之技既精，运输之途又广；广告之术，尤层出不穷。苟非如大书店之能自设印刷所，多设支店，多登广告，其营业决无振起之望。夫资本之为物，其趋于利厚之处，若水之就下，以今日大资本之书店获利之厚，而犹望有小资本者，同时竞起经营，此必不可得之数也。至于私人刻书，不为牟利者，自亦有之；然其数必有限，且其印刷之费，必较书店为昂；成本昂则售价必贵，纵不牟利，亦不便于学者；又况无分销机关，不能普及乎？故今后广印书籍，以宣扬文化之责，殆十之九集于有大资本之书店，非虚言也。今之人，每訾书店惟知牟利，不甚肯为学术文化计，此亦一偏之论。书店以营业为目的，与一切商店同。岂能责其只顾公益，不顾血本？苟如是，彼其资本，亦不转瞬而尽耳，所能为者几何？然虽如是，在无碍销场之范围内，书店亦应尽相当之责任。且书店之编印某种书籍，原因其销路之广而然；然亦有某种书籍，因书店之提倡，而其销场乃广者。亦视其为之何如耳。此等责任，亦书店所应负也（目前可为之事即甚多，试举数端以明之。如民国肇建，已十二年，此十二年中之事，利害切身孰甚焉？为共和国民者，人人所应明了也。然竟无随时编辑，以饷国人者，此亦出版界之耻也。法令条约等，在昔时尚有搜辑汇刊者，今则除供法官、律师所用者外，皆无有矣。日言译新书宜有条理系统，然终不见此等事实。其卷帙较巨，若商务所出之《科学大纲》者，已如凤毛麟角矣。日言研究国故，而旧籍之难求弥甚。间有翻印者，非印刷甚精，即卷帙甚巨，以致售价甚昂，寒士殊不易得；求其将旧时丛书，择要翻印，或另按学术之性质，编成新丛书；或虽翻印旧籍，而可分可合，任人选购者，且无有也。然则今之翻印旧书者，毋乃真只能翻印旧书乎？为文化计，一二有力之收藏家，能读书者实少，即为营业计，少数有力者之觅购，亦不如多数寒畯之零买也。天下事无难易，惟得其术者为能成功。今人颇有言四库书宜印行者，甚盛举也。然绝不知别择：言印即欲全印，以致力不能举。殊不知四库书为外间所有者甚多，并有通行之本，转精于四库著录之本者。欲印行，宜先外间所无之书；次则择其与通行之本不同，足资校勘者；其余尽可从缓，如此逐渐印刻。数大书店之力，即可任之，正不必仰仗国库，更不待招外股也。散见各报章、杂志之论文，尽多有用者。然如《东方杂志》之能辑刻东方文库，亦尚为破天荒之举。此类有裨学者，兼利营业之事甚多，举不胜举也）。

写于一九二三年

来皖后两点感想

我先世本安徽人，但是迁徙到江苏，业已数百年。前此虽然在安徽经过，但都是经过而已，住居在安徽，现在还算第一次。

我只能算初到安徽。我初到安徽，却有一种感想。感想是什么？便是我觉得安徽是接受北方文化最早的区域。谁都知道，中国的文化是起于黄河流域的。但是文化的起源，虽在黄河流域，后来发扬光大，却靠着长江流域。这亦是谁都承认的事实。长江流域很广大，岂能同时接受北方的文化？

长江上流的蜀，是到战国时，才为秦所灭的，其前此开辟的事迹，见于《华阳国志》的，殊属荒渺不经。东川的巴，据汉朝人说，汉世的巴渝舞，原出于板楯蛮。而板楯蛮的歌舞，便是《尚书》家所谓武王伐纣，前歌后舞的兵。此说应属可信。但其事已在周初了。再东，从南阳到江陵，便是《诗》家所谓周南的区域。此区域在周初，能接受北方的文化，是无可疑的。再追溯上去，《尚书大传》说，汉南诸侯，归汤者四十国，该也是这一个地区，但其事也在商初了。更东，便是所谓洞庭彭蠡之间，是古代三苗国。三苗的国君姓姜，和神农是同族，这可算是长江中流渐染中国文化最早的一个证据。然而三苗的酋长是蚩尤，在黄帝时，便和汉族战争的，到舜禹时仍劳中国的讨伐。三苗的国君虽姓姜，三苗的人民是九黎，黎即后世之俚，汉时亦作里，见于《后汉书·南蛮传》注。当时三苗之族，迷信很深，又淫为劓刵椓黥等酷刑，见于《国语》和《尚书》，全与汉族政化相反，所以有劳汉族的讨伐。大约姜姓之族移居长江中流，未能同化异族，而反为异族所同化。后来长江中流，开辟于楚，然而楚之初封，并不在长江流域，实在今河南境内丹、淅二水之间。后来逐渐迁移，乃达于现在的江陵。这一段考据，见于宋于庭先生的《过庭录》，甚为精确。《史记·楚世家》说熊渠立长子为句亶王，中子为鄂王，少子为越章王，皆在江上楚蛮之地。鄂是现在的武昌，正当洞庭彭蠡之间，当系三苗旧壤，仍称为楚蛮之地，可见神农一族的文化，在长江流域，绝无遗留了。反观长江下流，则《左氏春秋》说，禹会诸侯于涂山，涂山是现在怀远县。这一会，尚散见于他种古书，该不是荒渺之说。夏少康的庶子，封于会稽，是现在浙江的绍兴县，少康所以封庶子于此，因禹葬于会稽，封之以奉禹祀。夏少康的庶子传二十余世而至允常，这二十余世，虽然名号无征，然而世数可考。古代诸侯卿大夫的世系，出于《世本》。《世本》系周官小史所职，乃确实可据的史料，断不能如近人古史辨一派之说，疑为虚构。然则禹崩于会稽，葬于会稽，也是确实的。当时禹的行踪，已从现在的皖北，直达浙东了。当时这一带地方，对于禹，绝无反抗之迹，和三苗大不相同，这便是长江下流接受北方的文化早于长江中流的证据。

我最初怀疑这问题，是因小时读《孟子》，见舜卒于鸣条之说；稍长读《礼记》，又见舜葬于苍梧之说；更长读《史记》，又见舜崩于苍梧之野、葬于江南九疑之说。三说不同，是以怀疑。葬于苍梧，葬于九疑，相去尚近；九疑自可认为在苍梧区域之内，可以勿论；若鸣条，就相去很远了。鸣条我们虽不能确知其处，然而和南巢总是相近的。南巢是现在的巢县，无甚可疑，则鸣条也应在安徽境内，大抵在于皖北。舜的葬处，如何从皖北直说到湘桂边界上呢？这就大有可疑了。我们以别种史事来参证，则当时洞庭彭蠡之间的三苗，是和北方反对的。舜虽曾分北三苗，恐未易通过其境。再者，春秋时，楚地尚不到湖南，顾震沧《春秋大事表》有此论，考核甚精。然则舜即能通过三苗，亦未必能到湖南，何况湘桂边境？可为汉族古代与湖南有关系的证据的，只有象封于有庳一事。有庳旧说在今湖南的道县。何以有此一说？是固其地有象的祠堂。凡地方所祀之神，往往附会名人，而实则毫无根据。此在今日，尚系如此，何况古代？道县的祠，是否象祠？即系象祠，是否因象封于此？此都大有可疑。以其他史迹证之，只可说有庳之在道县，绝不可信。但是现在道县，在汉代一个不知谁何的祠堂，何以会附会到象身上去？亦必有个理由，不能置诸不问。我以为象的传说，是因舜的传说而生。明白了舜的传说，何以会到苍梧九疑，那就象的传说，何以会到道县，可以不烦言而解了。大凡人愈有名，愈易为人所附会。我们看湖南广西开辟的历史，断不能承认舜到过此处。那么，舜葬于苍梧九疑之说，只能认为附会或传讹。但何以有此附会，致此传讹呢？我因此想到衡山。衡山，照普通之说，是在湖南衡阳。然在汉代，实有两说。一说在衡阳，一说即今安徽之霍山。此事亦一考据问题，我以为古代山名，所苞甚广，实和现今所谓山脉相当。衡山即横山，亦即纵断山脉。我们现在说起山来，都囿于现在人所谓山的观念。说衡山既可在湖南，又可在安徽，人皆将以为笑柄。若说衡山之脉，从湖南绵亘到安徽，那就毫不足奇了。然则衡山究在湖南，抑在安徽，所以议论纷纷，盈廷聚讼的，不过是古今言语不同的问题。古人粗而后人精，古人于某山某山之外，没有山脉二字之名，以致有此误会罢了。明白这一层道理，则湖南安徽之山，均可有衡山之称，实乃毫无足怪。但话虽如此，古代的衡山，决不能没有一个主峰。这里所谓主峰，并不是地理学上所谓主峰的意思，乃指古代南巡守祀天之处。大约现在绵亘于湘、赣、皖、浙诸省之境，为长江和粤江、闽江之分水岭的，在古代通可称为衡山，这是广义的衡山。其中之一峰，为天子南巡守祀天之处，亦可但称为衡山，此为狭义之衡山。从狭义的衡山，附会传讹到广义的衡山上，自然是极易的事。古代南巡守所至，证以史迹，与其说是现在湖南境内的衡山，自不如说是现在安徽境内的衡山。窃疑禹会诸侯于涂山，南巡守至于会稽，舜也有这一类事，所以巡守之礼，详载于《尚书》之《尧典》上。此说如确，则舜必曾到过安徽的霍山。安徽的霍山，古代固称为衡山，而此外可称衡山之山尚多。

古人传述一事，大抵不甚精确。因为舜曾到过衡山，便不管舜所到的是衡山山脉中的哪一处，而凡其山有衡山之名之地，便都附会为舜曾到过。指其地不知谁何的遗迹，为舜的遗迹，这是极可能的事。舜葬于苍梧九疑之说，恐是如此来的。既可附会苍梧九疑地方不知何人之墓为舜陵，自可附会道县地方不知何人之祠为象祠，因而就说道县是有庳，辗转传讹，都自有其蛛丝马迹了。我们试看后来成汤破桀于鸣条，放桀于南巢，周初淮夷、徐戎，响应武庚及三监，皖北一带，都与旧王室一致，反抗新朝。亦可见苏皖两省和北方的政治中心关系的密切。

说到此，则长江下流，为全流域中接受北方文化最早之地，而淮水流域，又为其媒介，似无疑义。交通之发达，文化之传播，本应先平坦之区，而后崎岖之地，以地理上的条件论，也是当然的。然则以开化的早晚、传播文化的功绩而论，安徽人在历史上，也颇足自豪了。

这是以往的事。讲到现在，却是如何呢？我们常听人说，武昌居天下上游。又听人说，丧乱之际，起于长淮流域者，必为天下雄。不错，历史上的兵事行动，都足以证明此等说法之不错。但是传播文化，又是如何呢？惭愧，我们读历史，只见许多史学家，胪举以往的战事，来证明各地方形势之优劣；却不见胪举文化事项，来证明各地方形势之优劣。这是造成史料的人的耻辱，还是利用史料的人的耻辱？我说，这可以说，两者互有之。不能多造传播文明、增进人类幸福之事，以发挥地理的特性，却多造成争夺相杀、增加人类苦痛之事，以发挥地理的特性，这确是人类的耻辱。但是人类之利用地理，虽不尽善，地理条件的优越，是不因之而改的。我们现在，果能翻然改图，多造有益之事，居天下上游的武昌，必为天下雄的长淮流域……固依然与我以便于利用的条件，与战争时代，毫无以异。

然则安徽人在历史上，已尽了传播文化的责任。在今日，更应负起这责任。

我更有一种感想。我觉得，人类最大的缺陷，就是不能利用理性。在生物进化上，灵长二字，是人类所无愧的。这并非夸大之词，事实确系如此，人类所以能如此，就是靠着理性。但是人类，较之其他动物，固然很有进步，而人类所希望达到的境界，则还不及千百分之一。人类的进化，所以去期望如此之远，是因为人类的活动，大半是盲目的。假若人类的行为，能事事经过考虑，其效果决不如此之小。自然，人类的行为，有一部分是先思而后行的，不过瞎撞的总居多数。因此进步不快，甚至有进两步退三步的时候。我们如果希望今后得到更多的进步，以更少的劳力得更大的效果，那么，只有遵从我们的理性。人人运用理性，目前自不可能，我们只希望有少数人，能运用理性，去研究决定进行的方向及方法。大多数人依着指导进行。一面进行，一面研究，一面改善。纵然不能无错误，但既非盲人瞎马，终会收事半功倍之效。然则这个运用理性的责任，应当让什么人、什么机关担负起来呢？我们可不假思索地回答，就是学校。这句话，不是我们现在才说，古人早已说过了。历来有许多人，喜欢崇拜古人，动辄曰"人心不古，世风日下"等等的话。初看起来，似乎与进化的道理相违背，可是细想起来，也有道理。社会的进化是畸形的，有许多事情固然今胜于古，有许多事情却是古胜于今。大抵在物质方面，今胜于古的多；至于社会组织，则确有古胜于今之处。这并非我们的聪明才力或道德不及古人，实因古代的社会小，容易受理性支配，后世的社会却不然，如庞然大物，莫之能举，所以只得听其自然。大抵要改造社会，决非少数人所能肩其责任，以少数人肩其责任，必至于举鼎绝膑，本来的目的未达，反生出种种祸害。所以我常说，能改造社会的，只有社会。这句话的意思，是说要改造社会，必须社会全体，至少大多数人有此愿望，能够了解。然而现在的社会是盲目的、因袭的，我们如何能使人人有改革的志愿、了解改革的意义呢？这个便是教育。教育不但施于少数人，要使其影响扩大而及于全社会。所以古人不大说教育，而多说教化。教化便是看出当时社会的需要，决定其进行的方向与方法，而扩大宣传，使大家了解其意义，而愿意遵行的。古代的学校，确能负起这责任，亦曾收几分效果。试举一事为证，古人的性质是刚强的，大抵最好争斗，所以最要紧的，就是叫他知道尊崇秩序，爱亲敬长。古代学校所行的乡饮酒礼、射礼，便是这种意思。我们只看现在中国民俗的柔和，便是古人此等教化的成绩。所以《礼记》上说，强不犯弱，众不暴寡，此由大学来者也。古代学校所施教化的好坏，可以不论；而学校确可为施教化（即可看出其时的需要，研究决定其进行之方向及方法，扩大宣扬，使人人了解意义而愿意遵行）的一个机关，则确无疑义。此等责任，我以为一切学校，都应负起。而在历史上曾经负过传播文化责任的安徽，其大学，便更有负起这责任的可能，亦更有负起这责任的责任。

写于一九三二年

追论五十年来之报章杂志

孤岛沉沉，静夜独坐，邹君武风以书来，曰："《正言报》之出版一年矣，不可无一言以为之祝。"予惟古者，颂不忘规，承平之世尚然，况在蒙难艰贞之际。语曰："前事之不忘，后事之元龟也。"敢就睹记所及，报章杂志之影响于社会者，述其崖略，以为《正言报》诸君勖，并以告当世之士，有志于以言论淑世者焉。

予之知读报也，自民国纪元前十七年上海之有《时务报》始也。是时海内情势，晦盲否塞，政俗之有待改革日亟，而莫或能为之倡者。《时务报》出，风运甚速，销数至万七千份，此在今日诚不足为异，然在当时，则创举也。读《时务报》者，虽或持反对之论，究以赞成者居多，即反对者，亦咸知有改革之说矣。记曰："运会将至，有开必先。"时势造英雄，开创之功，固亦因乎运会，然其奋起而图开创，其功卒不可没也。越二年，办《时务报》诸君，复在澳门办《知新报》《时务》《知新》，虽名为报，实皆今日之杂志。当时无杂志之名，或但称报，或则以其出版之期，称之曰旬报、半月报、月报云尔。别杂志于报章而称之曰丛报,盖自《新民丛报》始。（见后。）然其后办杂志者,亦仍或但称为报也。是时海内之办杂志者不乏,而《时务》《知新》及天津之《国闻报》、湖南之《湘学报》称巨擘焉。司撰述最有名者《时务》《新知》则梁任公、麦孺博、徐君勉、章太炎,《国闻》则严几道,《湘学》则谭复生也。日报本止《申报》《新闻》两种,岁丁酉,《时务报》同人又筹办《时务日报》。明年变法,上谕改《时务报》为《时务官报》,主《时务报》之汪穰卿,以报为商股,拒不受命,改其名曰《昌言》,并改《时务日报》为《中外日报》。《昌言报》改名半年许而停,《中外日报》则继续颇久,在当时日报中,议论称平实而新颖者焉。而在政变以后,能奋笔以与旧势力抗者为《苏报》。要之自甲午战后,变法维新,成为一时之舆论者,此诸报之功也。

戊戌变法以后,海内言论,不甚自由,新机乃移于海外,梁任公走日本,办旬刊曰《清议报》。力诋孝钦,主扶德宗亲政,而保皇遂成为一时之舆论。顾《清议报》在当时为禁书,得见者较少,其为力不如《时务报》之弘也。《清议报》凡百期而止。民国纪元前十年,任公复办旬刊曰《新民丛刊》,则其流行颇广,其初出时,注重民德之当改造,故曰新民。亦时鼓吹革命,其后康长素移书与之辩,任公遂改从其师之主张。是时兴中会已改为同盟,胡汉民在日本办《民报》,主张革命,而《新民丛报》主张君主立宪,两家论战之文字,多有精彩,虽间有溢出论旨之外者,而大体皆以至诚恻怛之意出之,在后来言论界中,辩论能如是者,亦殊鲜见也（当时《民报》尝提出某问题,梁任公以就此问题,更加辩论,将使满人感觉立宪于己不利,于大局有碍，宁受屈而避不作答。此等风格，实负言论之责者，所当奉为模范也）。《新民丛报》后半期中，鞭策民德之语，多凛然于有志之士，举措失之轻躁，且意气太盛，私见未除，易以内争，致败大计，则革命以后，其言之若烛照数计者不少，革命党人之能深长思者，多回溯其言而怦然有动于其中焉，若章行严即其一也。《新民丛报》中又多论学之作，在今日观之，虽多肤浅不足观，然在当日，固能输入新知识，且导人以新方法治旧闻者，其有影响于学术界，殊不在后来新文化运动之下也。当《新民丛报》刊行时，留学东瀛之士稍多，定期刊物，一时风起云涌，其组织多以省别，如《湖北学界》《浙江潮》《江苏》等是也，其稿多出课余凑合，瑕瑜互见，诸刊物又皆不持久，故其影响较微。上海亦有出杂志者，《新大陆》《新世界学报》，其较著者也，亦乏精彩，而不能持久。惟《东方杂志》，以有商务印书馆为之主持，故初虽无甚精彩，而能继续不辍，逐渐改良，成为有名之杂志焉。《新民丛报》历若干期后，梁任公之兴趣复移，好论实际政治制度，而尤注意于财政。民国纪元前三年，出旬刊曰《国风报》，其议论即集中于是，至革命军起乃停。要之，以言论牖启国民者，任公实为首功，而甲午之后，至辛亥之前，约二十年中之功绩尤巨。章行严称其当风雨如晦之时，"独为汝南之晨鸡，亘十余年，叫唤不绝"者也。

国体改革以后，言论界之势力，一时仍操诸旧人物之手，以新起者多浅薄无足观也。是时梁任公在北京办一杂志曰《庸言》，康长素在上海，以一人之力独出一种杂志曰《不忍》。《庸言》停后，任公不复自办杂志，其论著刊于上海中华书局所出之杂志，曰《大中华》。《不忍》《庸言》《大中华》中，康梁二人，针砭时弊之作，可谓深切著明。然时社会之机运，方当舍旧谋新，而二人皆以旧观念相箴规，欲释其新而反之于旧，故其机卒不相契。惟任公论财政及币制之语，颇多深切。而袁氏叛国时，任公撰《异哉所谓国体问题者》一文，刊诸《大中华》中，尤为时论所归仰焉。自民国纪元以来，以政论著称者为章行严，其议论初见于《民立报》，复见于《甲寅杂志》。顾章氏政治学说虽深，而其智识不如梁任公之广博；又其所论偏于学理，不能如任公之专就现实问题立论，故解者较少；而其影响于社会之普遍深刻，遂远落任公之后。

二次革命以后，言论界颇觉沉沉有死气，其时能稍留一线之生机者为《新青年》，然亦不甚为人注意也。五四运动以后，社会之新机乃大启，《新青年》乃一时若执言论界之牛耳，而北京大学所出之《新潮》，亦殊虎虎有生气，惜《新潮》未久即停，其后内容最切实者，为胡汉民、朱执信、廖仲恺等所办之《建设》，惜阅时亦不甚久。自是以后，杂志日多，而势力分散，足称言论界之重心者无闻焉。而指陈时事，为国民向导之功，乃稍移于日报，如北伐初成功时之《时事新报》，近数年来之《大公报》其选也。杂志之佳者，则渐趋于精深，或专研究学术，或虽论时事而偏重于学理方面，不复足当指导一般人之任矣。

以上所论五十年来报章杂志之情形，奚翅挂一漏万，区区之意，盖就其影响于社会广大而深刻者言之，而其余则在所略耳。窃谓五十年来，领导社会，使之前进者，实以报章杂志之功为最巨，而译著之书籍，皆远在其后。盖（一）书籍易偏于学理，不如报章杂志之多就现实问题立论，使人易感兴趣，且易了解；（二）而其按时而出，不啻督责读者以必读；（三）又其继续不已，又不啻强聒不舍也。当辛亥革命之后，至五四运动以前，革命之主义方略，实未为人所了解，管理货币之制，在今日行之而收大效者，孙中山先生早创之于民国纪元之初，其时闻者十九惊怖之若河汉，甚者以为讥笑之资，而国民党中人，迄未有能起而阐明之，使人人了解者。直到民国九、十年间，《建设》杂志乃从而阐明之，其理既明，世人亦不复以骂讥笑侮加之矣。举此一端，余可类推。二次革命之失败，袁世凯之敢于帝制自为，张勋之敢于复辟，其后军人之敢于横行无忌，其原因固多，而当时国民之反对革新，趋向复古，实有以助成之。人心何以反对革新，趋向复古？则无人能阐明革命之真义，实其原因之大者，余尝谓使得国民党中而有一梁任公其人，革命前途之艰难，必不至是。斯言也，凡身历五十年来之事变，而能平心以思静气以道者，决不以为虚诬。夫宣传则岂非党员之天职？关于此点党员实不可不深自省。抑革命岂惟党员之职？则凡在国民，又皆不可以不自省，而其稍有知识，在国民中处于先知先觉之地位者，尤不可不时时痛自刻责也。

原载1941年9月21日《正言报》

南归杂记

旅奉半年，南归匝月，耳目所触，感想遂多。拉杂记之，以告同学，且以寄示南中诸友云。

予以七月初十日离奉，十一日抵天津，则津浦车已断矣。十二日附怡和公司景星轮船南行。船甚小，而拥挤特甚。房舱已不可得，居客舱中，人密排如蜂窠。在予犹可，尚有养尊处优之太太、奶奶、小姐们以及小孩，亦局天蹐地于其间，既已欲笑不能，欲哭不可矣。舟过芝罘，风浪大作，船颠簸特甚，客舱中仅四五人能起立。平时养尊处优者，虽以离乱，不得不居此局天蹐地之境，然口腹之欲，却不能牺牲，上船时各挈"路菜"多品，以为夏日必无风浪也，恣意啖食如平时，及风浪作，呕吐狼藉，哀吟之声四起，几于耳不忍闻，此皆受军阀之赐也。十六日抵沪，如登天堂矣。

江南今夏极热，予乡自七月二十九日起，至八月初七日止，日间温度，恒在九十五度以上，夜间亦在九十度以上。初七日傍晚大雨，乃稍凉。而虎列拉作，染者不多，然甚剧。地方医院所收受之人，自第一人至第十四人皆死。不入医院者，死者尤多。

推其缘故，半由今年之虎列拉，较往年为重，半由挑痧误之。挑痧者，南方剃发匠业之。无识之徒，夏日不论何病，皆先雇剃发匠挑痧，然后延医，谓可救急也。然经彼于四肢乱加针刺后，静脉注射，即无所施其技，虽更延西医，亦往往束手。甚有于胃腹乱加针刺，致病已转机，胃肠发炎而死者。然谆谆告人曰：毋招剃发匠挑痧。莫听也。甚且招人讥讪，剃发匠更目予为怪物矣。剃发匠之以挑痧名者，或一夏而储银三百元，以买良田，或出入皆乘包车。

故乡朋友聚首者较多，然谈学问者颇少，非闲言送日，则作诗钟着围棋，……而已。亭林谓南方学者，言不及义，好行小慧，何今昔之同符邪（此非骂人，予亦如此）？

南归见闻，最使予感触者，为同善社之发达。同善社者，教人静坐练气。其目的，不知其在长生欤？抑别有在也。有其所崇拜之神。欲入社者，须先得社员之绍介，"老祖师"既许可，乃入社，遍拜其神，磕头凡六十余。次拜老祖师，老祖师乃教以静坐练气之法，历若干日，曰：可矣。乃招之入密室，而传以真言焉。男女皆可入社，专注意招诱士大夫，不乐受下流社会人也。自上海及内地皆有之。吾乡之士大夫，有全家入社者，吾邑之知事亦入焉。在上海，已有人献以高大楼房，陈设器用，皆极精美。京津信者亦多。闻该社始于四川，推行几遍十八省矣。任君鸿隽云："……血液循环。惟是循其自然之脉道，与内外渗压之定理。未闻可以人力为之调节输送，变其自然之轨道。籍曰能之，当为损而非益。今之学道者，中夜起坐，以行所谓吐纳导养诸法，谓身中血液，可以意志变易其常道，而收长生不老之效。

吾尝北至燕蓟，西抵巴蜀，往往见黄冠之徒，设坛倡教，……达官大人，不惜纡尊降贵，北面称师，以求所谓却病延年之术者。南北数省，政见参差，独于此点，千里同揆。此无论其关系人心风俗如何，其昧于生理学概念亦甚矣。"（《建设》二卷一号《科学基本概念之应用》）予谓人不可以有所蔽。今之奔走形势之途者无论矣。即发辫长垂，匿迹林下，世所目为遗老者，其人原亦奔走形势之徒。又有一等势利已极之人，不问是非，其人本亦不知有是非，但见昔尝居尊位而多金者，则奉之若偶像，凡厥所言，皆是也。于是年才弱冠，而其思想已若耆艾者流，此世所目为遗少者也。夫此等人皆贪欲之徒，今也年力衰惫，金钱名位，更无所求，所惧者死而已矣。则凡可以免死者，无不为也。然则黄冠之徒，安得不乘其虚而入之也哉。夫贪欲之达官贵人遗老崇拜之，则盲目而不问是非（且本不知有是非）之遗少从之矣。此同善社等等之事业之所以盛也。孟子言伯夷太公之归周也，曰："二老者，天下之大老也，而归之，是天下之父归之也。天下之父归之，其子焉往。"吾国社会之情形，抑何其今古同符耶？独不能如是，则推"大老"以为政可矣，何必言德谟克拉西？

更有一等人，其贪欲与此曹同，而知识程度较高，知练形服气以求长生之不可致也，又自反其生平之所为，而不能无愧也。日暮途穷，贪欲忧惧之念，交迫其中，乃遁而奉佛。夫奉佛则岂不甚美，然问其所谓佛者，则并人天小乘，尚未能知也。有某医士者，善投机，本兼营刻书贩书之业，知此等弱点具之者颇多，而其人又颇足以鼓动人也。乃利用之以刻佛经，首辑一书，忘其名，以证明鬼之必有，诸天地狱轮回果报之不虚。其所取材，则《聊斋志异》《阅微草堂笔记》《子不语》……咸在焉。夫此可以代表今日遗老遗少达官贵人之流学佛之心理矣。予尝与之上下其议论，彼其所见，实不过如此。而顾借净土宗以自文，吾不知净土宗之弘念佛，求往生，其说果如此否？世之读佛经者，不止此曹，必能辨之。

某医士刻经凡十四种，皆《四十二章经》等无关紧要之书，取其卷帙少，刊印易，购者多，便牟利也。皆为之注，以佛经卒不易读，即论注亦不易读。今曰有新注，一阅即解，人人能解，可诳诱愚俗也。乃大登广告曰：此十四种者，读佛经之初步；有志学佛者，皆必须先读焉。其注则买一本日本佛学大辞典，雇人翻译钞撮而成。翻译之徒，又多不通，且出众手，汇合时不暇致详。有某经，注既成，请人作一序，本可无庸加注也，乃亦加之以注，已觉可笑矣。注中于江宁二字下注曰：今南京府。且注题某医士名，而竟称某医士曰某某先生，真千古奇闻也。某医士之言佛如此，竟亦有推许之为学佛之徒，引为同调者。觉社所出海观音杂志，平心论之，尚为今日言佛法有益之书，乃亦特为某医士所刻佛经绍介，其不察邪？抑亦引为同调也。夫如此而言佛，则佛之末法至矣。予于某医士无怨，且薄有相知之雅，然不避嫌怨而言之者，实以社会现状至于如此，不忍不言，非徒曰骨鲠在喉，吐之乃快。

迷信之空气，浓厚已极。于是扶乩亦足惑人。上海有所谓灵学杂志者，度读者亦必见之矣。吾乡亦有为之者，乃竟托名叶天士临坛，为人治病，前年颇轰动一时。京师蒙古某王之子病，至欲招吾乡之某，往为扶乩施治焉。其人行至浦口，而某王之子卒，乃返。今虽不及前岁之盛，犹未绝也。此等事殊不足论。吾今请论叶天士。

叶天士怪物也。彼在南中负盛名，然生平究擅何技，长何科，曾治愈何等疑难大症，绝无实迹可指。俗传天士治病，奇迹甚多，皆无识而好语怪之徒附会不经之谈而已。请举吾幼时所闻两事，以资一笑。（一）天士出为人治病，舆过某肆之门，肆中一伙，从柜台内跃出曰："闻汝名医，知余何日死乎？"曰："今日申刻。"店伙大笑。天士去未几，店伙腹痛，急使人招之。曰："不可为也。"饱食高跃，肠已断矣。店伙果死。（二）有狗蝇入耳者，招天士治之。天士无策，曰："容归思之。"患者之家曰："此之不能，何云名医？三日无治法，必毁汝招牌。"天士归，忧惧不知所出。蹀躞门首，一铃医过之，天士谩曰："吾天下之名医也，汝何能而敢过我之门也。"铃医曰："异哉！我不知子之技，我之技独无子所不知者耶？"天士曰："吾姑以一事试汝，能答者任汝在吴鬻技。不能者请去，勿留于吴。"曰："请言之。"天士曰："狗蝇入耳，以何法治之乎？"铃医大笑曰："以狗作枕而已，又何问焉。"天士曰："善。君休矣。"以告患者，患者如其言，狗蝇果出。此外类此之谈尚多，不可悉举。吾去岁在南方茶肆中，闻一卖蛇者述一事，亦与（二）相类。盖皆草泽铃医之流，托天士以自重也，则请征之其书。

天士无自著之书，身后无锡华岫云，为之辑刻，而岳廷璋成之者，曰：《临症指南》（正续）。其书杂乱无章，且多纰缪之处。知医者久有定评，无待赘论。此外坊刻医书，多托天士名者甚多，皆他人所伪托也（陈修园早年著书，多托天士名，见《修园医书》例言中。《景岳发挥》乃无锡姚球字颐真者所撰，坊贾以其滞销，改刊天士名，见《冷庐医话》。《医效秘传》及叶、薛、缪三家医案，为吴子音名金寿者所刻，见《世补斋医书》。又有《本草经注》《本事方释义》及光绪甲午常熟所刻之《医衡》，不知谁所伪作。《荔墙丛刻》中有《叶氏眼科方》一卷，亦题天士名。夫天士者即如世俗所论，承认为名医，亦只是伤寒幼科专家，从不闻其能治眼，乃并眼科方面而托之，可见伪托之众也。以上就予所见言之，实际恐尚不止此）。而以所谓善治"温热"者，误江浙人命健康二百余年，其趋势今犹未已。

"温热"二字之起源，言之可发一笑。盖中国古代医家，皆今草泽铃医之流，其人皆有术而无学，而其术又不尽传。医家古籍，除空言阔论、毫无实际之《内经》外（以《灵素》为《内经》，其言出皇甫谧，本不足信。且自唐以前，言医者皆不重《灵素》），惟《伤寒论》稍切实用。然其书实甚粗略。乃自此以后，竟无本之实验著为专书者。自魏晋迄北宋，五百余年，治外感者，皆但奉《伤寒论》为圭臬。而古人所谓"伤寒"，实"外感"二字之代名，并非专指伤于寒者而言（《难经》云：伤寒有五，有中风，有伤寒，有湿温，有热病，有温病。盖以偏名为全名也。外台许仁则谓方家呼天行病为伤寒）。后人又不能解，于是无论所犯何病，辄以《伤寒论》中之桂麻等方治之，盖杀人如草矣。迨刘河间出乃稍变其治法。世遂有伤寒宗仲景，温热法河间之论。夫以中国之大，天行病种类之多，而治之者，仅知《伤寒论》中治太阳经病及河间所立之两法，既已不成事体矣，而举世宗之者又数百年。崇祯辛巳，南北直及山东浙江大疫。医生以成法治之多死。有吴又可者，目击心伤，乃新著一书名《温疫论》，以明旧法之不可恃，医家又翕然称之。然又可所论，实崇祯一时之疫，非可执以治后此之外感病也。于是医家沿用其法者，又多无效。江浙地较湿热，天行病尤盛。医家之殚心于此者较多，而温热论兴焉。南方医家之言温热者，在苏则叶天士为大宗，在浙则王孟英其巨擘也。而稽其来源，真乃可发一笑。天士生平未尝著书，前既已言之矣。其论温热之作名《温症论治》者，首刻于《吴医汇讲》中（为当时一种不定期之出版物，如今之杂志然。此物在中国杂志界则可称鼻祖矣）。谓叶氏弟子顾景文，侍叶氏游洞庭山，舟中记叶氏之语，而主此《汇讲》之唐笠山，为之删润其文词者。厥后华岫云辑《临证指南》，亦刻此篇，名为《温热论》。二书词句虽异，而大旨则同。当时江浙论温热之医家，蜂起者尚多，其宗旨皆与叶氏相出入（其书多托之名人，而实多伪作）。迨王孟英出，乃悉罗而致之，以成一书曰《温热经纬》。故此派温热之论，实可谓至孟英而集其大成者也。叶氏之论，以"温邪上受，首先犯肺，逆传心胞"十二字为宗旨。所用者皆一派不关痛痒，绝无效力之药（江浙医家，至今犹有一派，无论治何病皆以一派不关痛痒之药敷衍塞责，谓之叶派）。平心论之，江浙所谓温热者，实与肠窒扶斯相类（旧皆径以为肠窒扶斯。大前年上海同济医院，有一德医，检验六十四患者，证明其病菌与肠窒扶斯异，然仍未得有特效疗法。现在治法，仍与肠窒扶斯相类）。其病皆因热度太高而死（因他症致死者颇少）。《伤寒论》中白虎承气等汤，究竟犹略有解热之效力。自叶派出尽易以不疼不痒之药，而死者益多矣。

江浙医家乃以此盛自夸谢曰西医不能治温热，患温热者，兹延西医必死。此说在江浙，几为牢不可破之天经地义。予初亦疑焉，继而详加考察，乃知此病之不救，多由温度太高，及其时间绵延太久（此病为阶级热），营养不足致之。西医退热之药，远较中药为胜，且尚有营养疗法，以接续其体力，中医则皆无之。故中医束手之温热，延西医犹或可救。西医不治之温热，延中医决无生理也。但以此告人，必遭唾骂而已。

江浙中医之程度，平心论之，自较北方中医为高。然其学既绝无合理之科学为根据，则程度之高低，正无所择。而近者江浙医学，颇行于京师。江浙医家乃欣欣然相告曰：吾道北矣。夫既无变齐至鲁之功，何必为舍彼就此之计。今日北方之中医，原自请教不得，然已何必遂请教南方之中医也。吾为此惧，敢告北方之同胞。

所谓叶天士者，少也贱，其父故幼科医也。天士少亦业医，人莫之知也。一日张天师过苏州，舟泊某桥下，天士贿其舟人，而行过其桥，舟人扬言曰天师起立矣。两岸观天师船者甚多。问天师曷为起立，舟人曰以天医星方过桥，众哗而视过桥之人，则天士也。自此其术大行（此事出何书，一时记忆不起，然誉天士者之言，非毁天士者之言也）。平心论之，天士乃一欺世盗名之人，并无实学，而亦无主张，生虽无益于人，死亦无害于人。今日贻误人之书，皆妄人所托，非天士所自为也。乃三百年后犹有托其名以扶乩惑人者，此岂天士所及料哉！然托之者则固足以惑人矣。稍后于天士，距苏州不百里有徐灵胎者，生平批阅医书至千余种（见王孟英《医砭》序，孟英非阿灵胎者也）。于中医各种，多所通晓。兹言清代名医，此其庶几，然绝无提及之者。固知崇拜偶像，亦有程度也。

今日江浙中医，亦有兼言西医者。其所奉为枕秘者，则四川唐某所著之《中西医经汇通精义》也。此书有石印本，价亦不昂。同学中有因功课繁重，觅消遣之资者，可买一部阅之，其妙解之颐，胜于《笑林广记》等万万也。

佛教说法，贵乎应机。在今日科学思想勃兴之时，允宜弘扬教下三家（天台、法相、华严），阐明大乘哲理。禅宗、净土，原不失为修证之法门。然既皈仰此两宗，则宜实行修证，不必徒腾口说。纵使真有所得，然禅宗易使人疑其掉弄虚机，净土易使人疑其堕入迷信说法而不应机，非徒无益，而又有损，况所说者粗浅不足道乎？近世皈心净土者，莫如杨仁山居士。然日本有专揭念佛而遮拨他宗者，居士即诒书净之。谓将使聪明才智之士，弃佛教如弁髦，珍外道如拱璧（见等不等观杂著）。可见言佛教者，修证固勇，哲理一方面亦不容遮拨也。

其第二事使予感触者，则为风俗之大变，淫业之日盛。某县素为富庶之邦，而今也，竟为姨太太之出产地。大家闺秀，多有鬻为人妾者，而表面上复讳言其事。假有某甲，鬻其女为人妾，则不告于亲戚邻里，直遣之去而已。其亲戚邻里，非不知也，然亦阳为不知也者。后此过某甲家，即绝口不复提及此人。而此女自鬻为人妾以后，亦永不能复与其母家之戚族邻里往来。此直将人逐出于社会之外，而专为一"重婚者"之玩物。天下事之可惨可伤，孰甚于是？人孰不自爱，孰不自为其终身计？父母孰不爱其子，孰不为其子计久长？亲戚朋友，孰无相哀念之情？而竟忍而出此，谁为之也？

又如某县，声名文物之邦也。其女子以通文墨、解书史闻于社会者，代不乏人。今也，县城中某街，向为绅士聚居之所者，大家妇女，可召至客栈中夜合者凡十家，阖市皆知其氏名，其他不甚著名者，尚不知凡几也。十年以前，城中客栈，寥寥二三家，皆甚湫隘。今则踵起者四五，皆洋楼高耸，电灯如昼，问何来如许旅客？曰：十之三以宿旅客，十之七以作阳台者也。且遇旅客甚不欢迎，谁为为之，而至于此。

诸君，亦知今日有一极大之势力，压迫于吾人之头上乎？此势力为谁？曰"经济的压迫"是也。持唯物史观之论者曰："非意识决定生活，实生活决定意识。"此不易之论也（非难唯物史观者，谓其但取经济的原因，而置他原因于不顾，非也。社会现象，本唯一而不可分，曰某某现象云者，特为研究之方便，强划其一部分而为之名云耳。其本体既唯一而不可分，则任取其一部分，但能研究深切，皆足以见其全体。所谓"一多相容"也）。持道德论者，睹淫业日盛，必咨嗟太息，曰："风俗大坏矣！世道如江河日下，不可挽矣！"而不知非也。人之道德，古无以异于今。九皇六十四民，淳淳闷闷之时代不加善，今日不加恶也。今日卖淫之妇，其道德，犹向者之节妇烈女也。无豪末之分焉。是何也？

请问人之道德，果为何物？世固有功盖天下，泽被生民，而论世之徒，目为小人者；亦有措置乖方，害人偾事，而论世之徒，目为君子者。是何也？即以现在论，固有有利于我之人，而我与之感情不洽者矣；又有无利于我，且时时贻累于我之人，而我心中好之者矣。明明不能做一事，而世固共称之曰好人；明明极有才干，而世固共目之曰恶人。然则所谓是非好恶者，果以何为之准？而所谓道德者，果何物也？曰：所谓道德者，无他，

"社会本能"而已。社会本能四字，自生物学上诠释之，其词颇繁。今可简而言之，曰：孔子之所谓"仁"，佛之所谓"慈悲"，则生物学家之所谓社会本能也。更明白言之，则无论对于何物，皆有一"牺牲自己，以利他人"（包社会言）。之心而已。更简而言之，则"利他心"而已。此心也，语其本体，为古今中外之人所同（且为一切生物所同，又生物与非生物，本无明确之界限，故直可谓此心充满虚空也）。而其表现之形式，则随时随地而异，无两人相同者，然其本原则一也。缺此本原者，无论其形式若何，终不得以冒道德之名。故曰：道二，仁与不仁而已矣。叔本华曰："人类之所谓道德，惟慈悲二字，可以当之，其余皆非。"见及此理也。吾国哲学家梁漱溟曰："'道德之为物'，有其'质素'。形式虽异，而其'质素'则历古今中外而不渝。"（见梁君与《新青年》杂志社论其父巨川先生自杀事书。指是物也）。

今有慈母，其子读书谈道，则奖励之。为盗取财，则笞挞焉。其形式不同，其质素同也。子欲食甘旨，虽饥，必忍而分焉。欲饮鸩而止渴，虽渴将死，必覆之矣。其形式不同，其质素同也。然则吾谓今之卖淫妇，其道德与向之节妇烈女无异，可知已矣。向者有女，许字人，未嫁而所字者死，女自杀，人将称其父母矣。曰：是善教其女也。今也不然。虽有十女，舍身殉夫，人不之称。而惟饮食侈靡，衣服丽都者，见称于社会焉。欲衣食其父母，刺绣文孰若倚市门也？向者妻淫不制，则亲党羞之，朋友将与绝交焉。今也不然，褐衣疏食不厌，虽妻女为秋胡之妻，无益也。靡衣美食，而更能以其余时时润泽人，人孰不慕与之交。然则妇之挚爱其夫，而欲乐利之者，宜何择也？此特举一端言之，其他百事，靡不类此。故利诱威胁，谋为议员者，见称于社会矣。守正弃权者，人皆讪笑焉。曲学阿世者则荣，如鲁两生者则辱。诈欺惨毒，阿谀无耻者，众共称道之。慈仁恻怛，然诺不苟，有所不为者，一国之所弃也。夫岂不知其所善者之为恶，所恶者之为善也，然既比而亲之矣。而曰：是人恶。是自承其比之匪人也，则明知其恶而称颂之。既疏而远之矣，而曰：是人善。是自承其恶直丑正也，则深文曲说以诋之，虽造词诬蔑不恤焉。非乐如是，不得已也。所谓不得已者，何也？

人莫不欲生存。人之欲亦多矣，而生存为大，最亟。人之生存，不能离乎物质。而今也，欲求得维持生存之物质甚难，求获得维持生存之物质，非如是不可，则为之矣。所谓不得已者也。夫岂无不食嗟来蹴尔之食之人，然是人也，若千年而后一见，通天下能有几人？君子而欲自淑其身欤？为伯夷叔齐可也，为颜渊可也，为介子推可也。若欲善斯世之人，则必别有其术也，操此等空论无益也。

且夫善恶而恶善者，岂尽明知其所善者之为恶，所恶者之为善哉？彼于其所亲接之人，即对于个人。其本原之地，有无道德质素，固能窥之（此事必不能欺人。无论如何智巧，不能以欺极愚拙之人）。知其恶而犹善之，知其善而犹恶之，不得已云尔。若泛论一般之事，则彼固以善者为恶，恶者为善，是何也？曰：社会之舆论，恒为其所要求——表面之舆论，恒为其里面真正之要求（吾尝见依人而食者矣。岁出巨资，以豢游手好闲之宗族戚党者，彼所善也；昏愦糊涂，其财可诳而取者，彼所善也；能照应同乡亲戚之官吏，彼所善也；其他一切不问）。今也大多数人，皆救死而不赡。社会之所求（里面真正之要求），救死之策而已。救死不赡之世，更有何希望？有何荣誉？供给生活物质之丰富而已。能救死，能获得丰富之物质之行为善之，而不然者恶之。所善者安得不在阿谀无耻，诈欺惨毒之流？所恶者，安得不在慈仁恻怛，然诺不苟，有所不为之士也？然既有此要求矣，安得不成此舆论？3+3安得不等于6也？

然则吾国人之生活，何以若是其困难也？曰：有一大势力来压迫之。此势力为何？曰：诸君请看，"着土布之人，改着洋布，乘骡车之人，改乘汽车或东洋车，点油灯之处，改点煤油灯或电灯。……即此势力侵入时也"。此势力之侵入，人恒欢迎之。及其后，乃哀号痛楚焉。然亦有一部分人蒙其福者。

诸君将曰：此今日外货输入为之尔。若一切皆吾所自为，财固皆在国内也。何尤贫？虽然，今有外国织布厂，以百人之力，织布输入吾国，其力可当吾国五百人，则五百人者失业矣。使此织布厂而在本国，诚必招本国之百人者从事焉。此百人与向者之苦乐如何姑勿论，彼四百人者，其失业如故也。夫此百人所生之财之量，岂减于向者之五百人，其财亦诚在国内也。然于此四百人何欤？此其问题，不在生产方面也。

论者必曰：资财贵能运用。今假有千斤，以其半分配于佣工，以其半分配于企业家，则企业家之所运用，得五百金焉。若以八百金分配于劳动者，劳动者不能运用资金者，则此三百金为妄耗矣。而不知人之用财，必先其"必须"，次及"适应"，最后乃及于"奢侈"。假以此三百金分配于劳动者，劳动者将用以美其饮食衣服焉，则身体健康，而劳动力增大。获其利者，普通之饮食店、布店也。将用以教育子弟焉，则国民之程度增高，而将来之劳动力增大。获其利者，书籍店也，纸张笔墨店也，仪器玩具店也。彼未暇乘车而驱驰，前歌后舞，以极人生之乐也。假以此三百金者，分配之于企业家，彼饮食衣服之费，无待于此也。教育子弟之费，无待于此也。彼更用之以企业，善否如何姑勿论。抑吾闻之，人生经济之欲望，以消费为最终之目的，岂有终其身于企业者？人固有终其身于企业者矣，继之者则如何？一定之资财，掌握之于一定之人手中，岂有能终于企业者？岂有能不为一度之消费者？假用之以乘车驱驰，前歌后舞，则如何？所利者谁也？此所利者为生产事业乎？抑普通之饮食店、布店、书籍文具店为生利事业耶？然则企业家能用其财以生利乎？劳动者能用其财以生利乎？夫殊不知劳动者之才识，不逮企业家，其如此事不关才识何？

然则今日之经济组织，而能得一妥善之法，一切道德之形式，遂可恢复旧观欤？曰：旧时道德之形式，旧时经济组织之产物也。若能恢复旧时之经济组织，则旧道德之形式，不待复而复。若徒能得一妥善之法，而未能复旧，则未敢言也。然则旧道德之形式，竟不能复，如之何？曰：昔者人民有罪，惟官吏轻重之，莫敢争，此亦一"道德之形式"也。故郑作刑书，而叔向诤之。晋铸刑鼎，而仲尼非焉。以汉以后法律之发达，成文法至千余，笺注法律者至数十万言。使仲尼、叔向见之，岂不流涕？其如人莫不欲生，莫不求乐。周以前社会组织，不适于汉以后人之生活何？

⋯⋯⋯⋯

原载1920年《沈阳高师周刊》

连丘病案

"出郭门六七里，坐在豆棚瓜架之下，和农夫野老闲谈，这班人有何知识？然而地方官的好坏，却从他们的口里，可得而知。"

这是从前人的话，这话确有道理，地方官所怀抱的政策，庸或非愚民所知，然语其究极，总不外为人民兴利除害，这是人民自己的事，自己的利害，当然只有自己可以觉得。固然，牺牲目前的小利，以谋将来的大利，忍受目前的小害，以避将来的大害，庸或非愚民所知，为地方官者而果怀抱如此政策，一时或不免转以召谤，然而这不过是一时之事，假以时日，利害总要予人以共见的。况且大家喜欢用"愚民"两个字，其实人民哪里真愚？更无尽愚之理，所以见其为愚，只是苦于他们没有受教育的机会罢了。为地方官者，果能剀切劝导，他所行的政策，无论理论如何深奥，利害如何复杂，人民也总可以明白得几分的。还有一句话说得好："话的为人所信与否，不在乎其所说的话的好坏，而看说话的人信用如何。"同是一句话，这个人说了，没人相信，那个人说了，就大家奉为金科玉律，这是常见的事。所以做地方官的人，要是真有爱民之心，清勤之实，他所行的政策，即使人民不能了解，亦会因其人格的信仰，而信仰及其政策的。所以人民决非不能批评地方官，而地方官的好坏，到底要以人民的批评做标准。这正是民治主义的原理，地方官的可以民选，就是为此。

同理，医学是专门之学，诊断和治疗，自然非（一）病人、（二）病人的家属、（三）亲友，即所谓"病家"者所知。然而病家的责任，本不在乎诊断和治疗，而在乎医生的去取。决定医生的去取，固然不能离开医学，究与医生所应知的医学不同，况且医生的去取，并不是专决之于医学的好坏，也要看其（一）人格的高低，（二）对病者有无同情心，（三）治病肯负责任与否，（四）是否不过于贪利等待。这些，都和医学知识无涉。所以病家虽无专门的医学知识，还是可以去取医生的，而就觚衡的原理立论，去取医生之权，还正应操诸病家之手，老是抱着一种夷然不屑的态度，对于病家的批评，一句也不肯接受，不是自私，便是无知了。医案是供给医生的参考，做治病的殷鉴的，固然有很大的价值，病案是供给病家的参考，做去取医生的殷鉴的，我以为也有同等的价值。

我的故乡，今名下邑，古号连丘。我从兵灾起后，避居下江者六年，到三十一年八月一日，才从下江回到连丘。这在我所作的《两年诗话》中，已经说过一个大概。我的家庭，极其简单，只有我和我的妻、我的女孩三个人。从回到故乡之后，就住在连丘城里。我和我的女孩，却又到乡间学校里去教几点钟书。这话，在《两年诗话》中，也已经说过了。三十一年八月二十二日，我们将要下乡，因为乡间的饮食，未必洁净，想打一次霍乱和伤寒的预防针，或则内服些伐克辛。在战前，我们是有好几位相熟的医生的，这时候，都已飘零异地了，更不知有哪一位医生可找。有一位姓申的医生，小时候，住在我堂房弟媳妇的母家的，这时候在连丘城里，也还说得着，我和我的女孩，就同去找他。

当我们找到他的时候，他说："注射的疫苗已无。内服的伐克辛，是有两服在这里，可是距离失效的期间，已经没有几天了。失效的期间，未必能扣得真准。在失效期间以前几天的药，我不愿意卖给你们。"我们觉得他的态度，很为诚实，从此，我们就认得了这位申医生。

疫苗没有注射，伐克辛也没有服，因为我们对于饮食，十分小心，霍乱、伤寒，都给我们避免了。然而乡间的蚊子实在多，这较诸虎列拉和肠窒扶斯，更难预防，我终于害起疟疾来了。这事在三十一年十一月初七日。

说到疟疾，我就要追溯到四十年以前，说几句老话。医家的习惯，称人第一次所害的疟疾，谓之"胎疟"，总是较重而且历时较久的；第二次以后，就不然了。我的害胎疟，还在我七岁的时候，是和我的姑母，同时发作的。我的姑母，年纪虽比我大许多，所患的却也是胎疟，两个人的病，差不多同时而作，也同时而止，都是起于初秋，而愈于冬季，实足有五个月。当时替我们治病的，有好几位，都是连丘的名医，而竟束手无策，坐视其历时如此之久，人都病得虚弱不堪。那时候听人家说："这还不算久，疟疾竟有害到两三年的呢。"十四五岁以后，渐渐见患疟的人服奎宁或者奎宁丸，都是不久即止的。我以为中国是没有治疟的药的了。二十一岁，我和我的妻结婚。我的丈人，是喜欢读医书的。他虽不行医，却因他随处留心，经验也很丰富。他少年时候，是住在浙江的。他和我说："中国治疟的药，只有常山、草果是灵的，但其性质极为克伐，不可轻用。"我才知道常山、草果之名。后来我的女孩，在三岁半的时候，害起胎疟来了。奎宁末她怕苦不肯服，奎宁丸则咽不下去，寻常治疟的中国药，是明知其无效的。正在无可如何的时候，恰好我有一个表弟，是学中医而生长在福建的。他对我说："常山、草果，浙西的医生，见得害怕，福建的医生，是用惯了的。从没见服常山、草果的人，寒热发到三次以上，也从没见有什么流弊。你别胆小，我可保险。"因为他胆大，我和我的妻，胆也大起来了。就请他开了一张方子，给我的女孩服下去，果然，寒热应手就住了。我才知道常山、草果之灵。后来我有一位族叔，也害起疟疾来。他的疟疾，几乎近于恶性。服奎宁丸无效，服中国药也无效。我又有一位族祖姑丈，他在少年时，是落拓不羁的，人都称他为"水五爷"。晚年家道中落了，乃借行医以自给。他的诊务颇忙，然因习惯所在，每天总得到茶馆里去喝碗茶，和不相干的人谈些不相干的话。有些人，就到茶馆里去找他看病，他倒也不拒绝。我这位族叔，也是到茶馆里去找到他的，事有凑巧，这一天，我也因有事情到这茶馆里，只见水五爷对我的族叔说："你的病，柴胡是无用的了，非用常山、草果不可。"一句话触动了我的好奇心，隔一天，便去省我的族叔，问他服药的结果，果然，寒热又住了。这时候，我很相信常山、草果，以为其效力还在普通的奎宁以上，因为普通的奎宁，是不能治恶性疟的，这一次我族叔的疟疾，虽不能断定其为恶性，然曾服奎宁丸而无效，则是事实。

　　避地下江之后，奎宁渐渐地贵起来了，虽然比现在还便宜许多，穷人害疟疾的，已经觉得吃不起来了。我有一个朋友，唤作秦君和，他是在老泰西药厂里服务的。有一次因饭局遇见，我便把以上的话，述给他听。我说："现在奎宁贵了，你们何不就常山、草果，研究研究呢？"他说："常山、草果么？日本人早研究过了。草果是无用的，能治疟的只有常山，但其治疗之有效率，只百分的六十余，而奎宁之有效率，为百分之八十余，所以日人便弃而不用了。"他这话自然是不错的，但是我以为："当这奎宁价贵的时候，有这功效稍逊的常山，总还胜于别种药。而且《本草》本说常山是治凡寒热的，并没说专治疟疾，或者于治疟之外，还有别种用处，亦未可知。"所以对于常山想遇机会则加以研究之心，依然未改。

　　到这一年十一月初六日，就是我害疟疾的前一天了。我在小虞庙我任课的学校里，和同事铁俭明君夜谈。铁君是患疟新愈的，他却并没有服奎宁。他和一位泉医生同住，泉医生的儿子，是拜铁君做干爷的。这种关系，连丘话称为"寄儿亲"，是颇为亲密的。泉医生这一次，共给铁君开了三张方子，第一、二张都是用草果的，服后无效，第三张方子用常山做引，服下去寒热就止了。我听了铁君这一番话，异常兴奋。在这医荒药贵的时代，而有能用常山的医生出现于浙西，那真是患疟者的福音了。

　　到明天，就是我害疟疾的这一天。午后课罢，我到离小虞庙一里半路的下隰镇去看一位朋友，这位朋友，唤作严位人，也是一个医生，他就留我吃晚饭，他又约到一位朋友，唤作韩贡伦，是在下隰镇上开设药铺的。席间谈起常山、草果的问题来，韩君说："常山确能治疟。"他背得出一张常山治疟的方子。他说："这张方子，乡民力不能延医而患疟的，很有服他的人。现在乡间买奎宁丸，起码二元一粒，并不是好的。这种奎宁丸，要吃到疟疾不致再发，至少要六十粒，就得一百八十元，若吃这张方子，无论如何，药价不会满十五元的，这是不及十二分之一了。"我听了这话，也觉得很兴奋。在当时，本想席散之后，把他这张方子录下来，无如席尚未终，忽而觉得全身倦怠，食思不振，连终席都是勉强的，更说不到席散之后，钞录医方了。当时匆匆回到学校里，不到半小时，就大发其寒热，直到明日黎明才退。

这一次的寒热，在自觉的证候上，是很容易辨明其为疟疾的。我在乡间，本来兼两处学校的课，一处是小虞庙，一处是泊堤镇。我每逢星期四，从泊堤镇到小虞庙去，星期日则从小虞庙回到泊堤镇。这一天正是星期日，我依旧回到泊堤镇去。到晚上，又发了一个寒热，初九日依然如故，那更明是疟疾无疑了。初十日早寒热退后，我便回到连丘城里。这时候，我虽抱病，依旧非常兴奋，我颇有以身试药的决心。到家后，吃了两条油条，便直走到泉医生家里。我知道医生的通病，非有特别关系，或者他是初行医道，要巴结生意，是不肯多谈话的，甚至连听话也厌烦。泉医生我是素不认识的，他也行医道有年，颇有名誉，决不在乎做这个把病人的生意，我知道这种关系，所以特先走到铁君家里，这时候铁君不在家，我便请铁君的夫人郑重介绍，说明"铁君的疟疾，经其用常山治愈，我也患了同病，所以特地前来请教的"，然后请他诊视。这时候，我要请教泉先生的，是（一）在学课及经验上，常山到底主治何种寒热？其应用的范围如何？（二）《本草》说它有毒，又说中虚的人不宜服，这大概是大家畏忌常山的缘故，究竟其说确否？又何种现象谓之中虚？（三）医家每言寒热不可轻截，即常人亦知道此说，依我的意思，寒热无不可截止之理，且以能截止为佳。医家所以有不可截之说，而常人也多相信，似乎是因寒热虽止，其余的证候，不能忽然痊愈之故。但何故不可先治其寒热，然后徐理其余诸症状？这到底容易了，人也少受些伤。我想发这三条疑问，自然先得把我对于常山之所知，即前文所叙述的，先说一个大略，我的说话，自信是简明而有条理的，前文所叙述的，口说起来，不过五分钟到十分钟罢了。经过铁夫人的郑重介绍，我以为总有一个给我发表意见、解决疑问的机会。谁知话未及半，泉先生已经露出不耐烦的样子，他伸手便要替我诊脉，依我的性质，这时候实在要拒绝他，说等我说完了再行诊脉。然而这在礼貌上未免有些不宜，只得伸手给他诊视。他一面诊，我仍一面说。他似乎不甚注意。我受了这个挫折，说话自然要慢一些了。到我把对于常山的所知叙述完毕，他已在提笔开方了。我知道三条疑问，没有提出的机会了，只得坐着静候。他把方子开完，递给我，说"吃两帖"。我把方子一看，其中并无常山，我便问他："我的病，为什么不能吃常山？"他说："先得使你的病成为疟疾。"这句话，真使我如堕五里雾中了。医生还有使某病成为某病的能力？而且还有使某病成为某病的必要么？我自然要问他："如何叫成为疟疾呢？"他说："那便是成为疟疾。"这我更糊涂了。我笑着问他："不成为疟疾，则如何？"他说："那要成为温病的。"我知道没得说了，便怀了药方告辞。我想他给铁俭明吃的药，是第三剂用常山的，对于我或者也是如此。我先吃了两帖药，到第三帖药，至少是换过一张方子，到第三张方子，总得使用常山，我的寒热，总该可截止了罢。回家路过药铺，便把那张方子，赎了两帖。回到家中，我的妻本来是反对在奎宁之外别觅治疟之药的，我也想：即使要研究常山，也没理由用如此愚笨的法子。我就再跑到药铺里，把两帖药退掉，回家自服奎宁，当天就把寒热截住了。

这时候，我追想到小时候所读的古文，有几句说："江河所趋，百川赴焉，蛟龙生之，及其去而之他，则鱼鳖无所旋其体，而鲵鳅为之制。"觉得很有味。所谓风会，确乎是有的。一种学问之将废，并非其学问的本身遂无可取，而只是人才不出于此途，其学问遂不能刷新，与时俱进，久之就变为无用的了。为什么人才不出于此途呢？那便是风会为之。且如现在，对于一切科学，肯置诸不闻不问，而只以读几句旧医书为已足，这种人岂能成为人才？聚集这种人以从事于中医，中国的医学，就有无穷的宝藏在内，又何能发扬光大呢？

我是素有偏信西医之名的，其实不然。"西医有西医的长处，中医也有中医的长处"，这两句话，我是深信不疑的。这两句话，似乎是调停两可的话，其实又不然。西医的长处，只是受过科学的洗礼。但是（一）科学的范围太大了，一时谈不到应用的问题，所以西医的科学方面，虽然日有进步，而其治疗方法，并不能与之俱进。（二）而西医，因其以科学为立足点之故，不免稍偏于物质方面；又因其分科太细，不免偏于局部的个别治疗，而缺于综揽全局的通盘计划。无生命的机械，可以如此修理，有生命而各部关联又极其微妙的人体，似乎是不能的。

（三）因其以科学为立足点之故，极注重于攻击病原，这固然是极彻底的办法，但有时攻击病原，人体亦因之受伤，而其弊又见于别一方面，反不如对症治疗，而听其病原自行消灭之为得。中医虽然不知生理，更无从知道所谓病原；物理、化学等科学，也一无所知，其议论的荒谬，有时候听了要令人失笑，然而（一）积几千年的经验，（二）聚集各地方的方术和药物，在治疗上，确是不无可取的地方。理论虽然荒谬，事实确有可取，这正合着孙中山"行易知难"的一句话，天下事这样子的很多，正不独医学。平心而论，现在的西医，除有特效药和需用手术的病，其治疗成绩，是并不会胜于中医的，而且还有不及的地方。这都是近代已通西医，觉得不满足，回过来再研究中医的人的话，其说确有道理，并非夜郎自大之谈。所以中西医各有长处的话，我是深信不疑的。但是就中西的医学加以比较，是一句话，比较眼前的中医和西医其人，又是一句话，这截然是两回事。谁说中国的文学不如西洋？然而取一个仅识之无的人，来和西洋的文学家比较，而说其作品一定互有短长，有是理乎？现在的西医，固多学识浅陋，技术拙劣，然除护士出身和药房伙友外，要是正式在学校里毕业的，到底要读几年书，略知道一些科学的门径；而其诊断和治疗，也略有规矩法度可循。在中医，就连这点最小限度的限制，也没有了。两利相衡取其重，两害相衡取其轻，所以我害了病，是宁可请教西医，不请教中医的。这实在和中西医学的评价无涉。然而旁观的人，就都说我是偏信西医的了。

疟疾愈后，不久，我又害起胃肠病来，这是三十二年二月二十一日的事，大致是因旧历岁尾年头，饮食不免过量之故。先几天，身体就略有违和的状态，我也未以为意。这一天，我从家里到泊堤镇学校里去，到校之后，就觉得疲乏，吃了晚饭就睡下，昏昏地睡了一夜，到明天，又是如此的一天。此时的温度，其实很高，不过自己也不觉得有什么，二十二日晨起，热稍退，乃回到连丘城里家中。这一次的病，是请申医生诊治的。他初诊时，疑心我是肺结核病。这是去题万里，无论从哪一方面看，都不会有这道理的。于此，我不能不批评现在的西医，在诊断上的常识太缺乏了。这使我记起一件事，当十六年秋冬，我在下江昭夏学校的时候，有一位同事，唤作殷俊孙，他是有肺结核的，可是症状并不严重，他自己也不甚在意，还是接受我的劝告，才延医诊治的。十七年春末，他又害起麻疹来了。未曾发疹之前，先发了两天高烧。这时候，固然没人知道他是什么病，然就其症状而论，决不是肺病的热，则是人人可以知道的。替他诊视的，是一位昭夏学校的校医，替他诊视肺病，已有多时了，却固执着是肺病的热。好几个人对他说："决不是的。"他都夷然不屑。到第三天，麻疹发现了，他才承认是误诊，然亦并不视为重大的错误。据我看来，则这种误诊已属奇怪，已经发觉其错误而还看得这种错误很平常，就更奇怪了。闲话休提，言归正传。申医生替我诊视了三次，才疑心我是胃肠病，他试用一次甘汞，一泻之后，果然热势低减了许多。再进一服，寒热就全止了。这一次的病，虽然是治好了，我却只认为碰运气，而其间还有一件很危险的事。

　　当我服甘汞的时候，是申医生写了方子，我的女孩替我到药房里去买的。我的女孩，虽不知道药的分量，然而看来似乎觉得太少。于是问他："这种药的分量对么？"他不但说是对的，而且还取出算盘来，的答的答地一算，说："这分量一点都不差。"我的女孩，总有些疑心，想向医生问一问，就向他借电话一打。他说："我这里的电话，是向来不借的。"正在相持不下之际，事有凑巧，申医生乘车从门外走过，我的女孩，忙唤住他，把药给他一看。申医生说："这药的分量，只有我所开的六分之一。"药房中人，那才瞠口无言，然而他也并不觉得惶愧。后来我看见申医生，对他说："这件事太严重了，究竟连丘的药房，哪一家靠得住？"他说："都是一样的。"我说："你们做医生的人，如何不联合设法整顿呢？"他说："无法可想。"其神色也很淡然，似乎是司空见惯了。

我的胃肠病好得不久，我的妻又病了。我的妻，在去年夏天和今年夏天，各害了一场大病。在当时，我也莫名其妙，到现在，才有些明白。虽然我不是医生，不会诊断，却由此所推想，似乎较当时医生的诊断，还要近理些，惜乎在当时，我也并不知道，直到最近向一位朋友借阅一部医书，才有这个推想。原来有一种病，是工厂里的女工最易犯的，称为工厂里的疲劳病。它的症状，是呼吸迫促，肋部疼痛而发寒热，很容易误诊为肋膜炎。还有一种疲劳病，是因气候的变化而容易发作的，以湿热的时候为多。我的妻的体格、呼吸系统，是很健康的。在这一场病以前，几乎除伤风之外，从不咳一声嗽，而伤风也是很难得的事情。消化系统，却不很健全，每到夏天，则食欲不振，消化不良，且发轻微的寒热，要到入秋方愈，如此者已有十年了，虽然轻重不等，性质总是一样的。三十一年，我们从下江归来，奔走得很劳苦，她的病情，倒轻减了些，这或者因胃病是神经性的，这一年的生活，最为异常之故。说到疲劳一层，在战前，我家里本有三个使唤人：一个是厨夫，一个是女仆，一个是丫鬟，事情不大要自己做。从旅居下江以来，就只有一个女仆了。可是在下江的时候，房屋小，亲友少，倒也不见得如何繁忙。从回到连丘之后，情形又不同了。房屋虽说是炸毁了，新盖的仅有三间，加以后来收回出租的房，共也不过八间，毕竟比在下江时多出了几间，而且地面宽广了许多，我们又在废基上种了些菜，事情自然多起来，而仍只有一个女仆，自然只得自己帮着做。她在战前，是只会做几种特别的菜和点心的，普通的并不会做，饭更不会煮，可是到战后，什么都会了，尤其是回到连丘以后，佣人没工夫，几乎整天自己守着一个煤球炉子，真是回到厨房里去了。她所心爱的是猫。在战事爆发的时候，我们家里有两只猫：一只唤作梅花，它是一只白猫，头上有一簇黑毛，恰像画的一朵梅花似的，所以唤作这个名字；一只是黄猫，唤作小黄。她在无事时，最喜把猫抚弄。除午晚两餐之外，每天总得买几毛钱的鱼、虾或熟肉，给猫做零食的。这种猫的零食，都藏在一个一定的抽屉里，等到这个抽屉一响，猫就自然会来的。这些事，到现在，自然是不承权舆的了。当避地下江的时候，我们三个人，是每人提了一只破败不堪的皮箱，带了几件随身衣服，狼狈不堪地趁着公共汽车而去的。猫，虽然我们三个人都是心爱的，可是断没有法子带得走，只得把它遗弃了。事后归来，梅花已经化为异物，小黄却还健在，它对我们，依然很亲热。我的妻，有时还忙里偷闲，抚弄着它，说："太太现在蹩脚了，再没有零食给你吃了。"她说的时候，脸虽含笑，内中实含有无限的伤心。"俺二十年岭外都知统，依旧把儿子征袍手自缝"，女豪杰还有这感慨，何况我们无拳无勇的人。人类赖以生活的食料，来源本来有两条路：一条是自己生产，一条是抢夺他人所生产。出血的不肯出汗，习惯于出汗的人，也不会出血。我们早就习惯于出汗了，将奈何？岂能禁所谓朋友的抢夺？亦岂能因不会抢掠而认人作朋友？"残杯与冷炙，到处潜悲辛"，人尚且饱不来，自然猫狗也只有连带着受些饿的了。

我妻的情形，早就有人虑到她要害病，到三十二年六月下旬，果然害起病来了。初起的时候，是腹泻发热，这和后来的病，大概是没有关系的，不过因此而体力衰弱，抵抗力薄，成为后来的病的一个诱因罢了。当时请申医生诊治，不久就好了。到三十日，忽又发起寒热来，其症状极像疟疾。我们这时候，也大意了一些，没请医生诊断，自己吃了几粒奎宁丸。寒热是轻减了，然总没有全住，而且有些咳嗽。因为她向不咳嗽的，料不会有什么严重的病症，所以也不以介意。却到七月初五六，寒热又重了些。才又请申医生诊视。他说："并不是疟疾。这病，大约本来是伤风，因其久而不愈，气管受病，寒热也是因此而来的。"吃了他的药，并不见好，反而呼吸更加迫促，只能仰睡，不能侧睡，侧向右边，更其困难。初九日，申医生又来诊视，断为肋膜炎。他也无甚法想，倒是我的女孩说："我从前患气管支炎的时候，曾经打过钙针，症状即行轻减，现在可不可试打一针呢？"申医生说："这也使得。"就替他打了一针葡萄糖钙。果然实时见效，呼吸宽舒，侧睡也没有妨碍了。到明天，忽又精神颓丧，不思饮食。又请申医生诊视，也说不出什么来。十一日晚间，忽而作恶，吐掉了不少酸水，人就觉得舒畅了，才知道是胃酸过剩。十二日，寒热又重起来。再请申医生诊视，他说："肋膜炎的症状，并没有好。非用穿刺手术抽掉其积水不可。"他于是介绍我们进医院。

连丘本有两个医院：一个是官立的，一个是私立的。私立医院的院长姓柳，他的夫人姓荀，就是该院的护士长，和我的女孩同过学。我们自己如其要找医院，总是到私立医院里去的。申医生和私立医院，本亦极为联络，不知后来如何和柳院长弄得不太圆滑，和官立医院，却来往得很亲密的。他于是一力介绍我们进官立医院。官立医院的院长姓丙。他说："不妨请他先来诊视一次，然后决定入院与否。"我们就请丙院长和申医生会诊。丙院长说："积水有半茶杯，非用手术抽去不可。"我们就决意于十五日进入官立医院。

我们的宗旨，是向来不大愿意进医院的。明知道医院的设备较私人诊所为完备，医生也多些，然而总觉得医院里的医生太忙，因而诊视太潦草。而且我觉得人和人的相与，总该有一个人和人相与的道理的，这便是古人所谓"相人偶"。诊所医生，只要他有些商业道德，对于病家，多少总能够维持一点这种意思的，超过于此的，更不必说了。医院里的医生，这种意思就少了。我常说：医院和诊所，正和学校和私塾一样。学校的设备，岂不较私塾为完备？教师也岂不较多？师生的关系，却比私塾淡薄得多了。所以我们就是相信了医院里的某一位医生，也总是请他出诊，而自己不大到医院里去。尤其是我的妻，她是几十年来，过惯了家庭生活的，对于社会上冷酷的情形，知道得已经不很深，更别说对付了。她有时候，也因为省问亲友，到医院里去，她见了护士和茶房的情形，就觉得害怕，所以更不愿意进医院。这一次，因为抽水手术在院外不能施行，不得已而入院，实在是十分畏缩的。申医生竭力保证，说官立医院的规则，非常良好。他说："当丙院长接任的时候，就和我商量，他问我：医院如何就办得好？我说：这有一个关键的，医院名誉的好坏，倒是和医生的关系浅，而和护士和茶房的关系深。我这话，丙院长很以为然，所以他这医院里，护士和茶房的态度，是比较良好的。"我们听了这话，自然也觉得相当满意。

官立医院里，我们是没有熟人的。这因为我们和现在所谓官立的机关，都不愿意来往，虽然学校和医院，也是如此。这一次因申医生的介绍而进官立医院，在我们，要算是破天荒的了。官立医院里，就只有一位丙院长，是因请其会诊过一次而认得的。入院之后，付了若干住院费，并没有人领导我们去看病房。我的女孩，就向茶房问了一句："丙院长在哪里？"茶房瞪着眼道："他正在午睡呢，我能去唤他么？"我的妻，看了这样子，很不愿意。她在病中，有些肝火旺，几乎要退出来，给我和我的女孩劝住了。后来总算有一位女办事员来，领导了我们，找到了一个房间。

官立医院的定章：头等病房，是一个人独住的；二等病房，则是两个人合住。我们所付的是头等病房费，他们送我的妻所进的病房，却先有一位严老太太住居在内。照章，严老太太是可以拒绝的，否则可以要求减费，因为头等病房和二等病房，并没别的区别的，所不同的，就是独住和合住。严老太太却不曾，我们自然也不要求减费了。严老太太是没有家属陪伴的，我的妻，则白天由我去陪伴，到晚上，则由我的女孩去陪伴。我们带了两个热水瓶去，一个是供给病人用的，一个是供给伴病的人用的。院中有一个茶房，是河阳人，依我们的观察，这个人在茶房里，要算最驯良的。可是这一天，他一见了我们的热水瓶，便道："你们一个病人，要带两个热水瓶么？"我的妻一时说不出话来。我的女孩便问他道："你们院里的章程，一个病人，限带一个热水瓶么？"他无言。我的女孩又道："我是伴病的人，你们院里，也是收费的，所收的费，不包括供给热水在内？伴病的人，要自带热水喝么？"他又无言。骨都着嘴，把两个热水瓶冲满后走了。可是以后他送热水来时，非叫他冲两个，他总只冲一个。

严老太太所害的病是胆石。这是后来她改进私立医院之后，诊断出来的，我妻进官立医院时，她住院已经六星期了，还没有诊断出是什么病来。她每天总有一两次，肚子里要发剧痛，非打止痛针不可。院中给她一个撼铃唤人，可是到痛起来，尽你撼着铃，总是没人答应，有时候有人来，来的也是茶房，茶房要去请护士，有时候，护士还要再去请医生，到替她设法止痛时，她忍痛总已好久了。她疼痛得厉害，而撼铃没人应时，在晚上，她便央着我的女孩；在白天，她便央着我，去代她唤人。有时候，我们也自动地代她去唤人，可也是十呼九不应。有一次，我代她找到了一个茶房，我叫他去请个护士来，茶房恶声道："请了小姐来，又如之何？小姐能替她把痛撵去么？"我只冷笑了一声。他踌躇了一会，觉得此事不妙，他大约怕我发起戆脾气来，去找医院里什么人说话，把事情扩大了，他终于去请了一位护士来了。

　　这些，都是我的妻住在官立医院里的时候，我们的所见所闻，要详细叙述起来，便再写数千言，也还有所不能尽，现在也不必过于烦碎了，且再说我妻的病。我妻进医院的当天，丙院长同一位田医生来诊视了一次。他说："肋间似乎没有多少积水，可以待她自己吸收，不必用手术抽取了。"后来又说："用爱克司光透视一次再说罢。"十六日午前，用爱克司光透视。午后行穿刺手术。一滴水也没有抽出，病人却立刻吐起鲜血来，约十余口方止。我们慌了，忙去问丙院长："这是什么理由？"丙院长说："这是我失于知照你们，行穿刺手术之后，照例要吐几口血的。"我当时听了，便有些怀疑。"肋膜炎，我虽没有见过，却听见过好几个人害这病的，在书上也曾见过，从未闻行穿刺手术之后，必要吐血的。"当时虽答应了，过后越想越疑心，不久，我走出病房，又在走廊上遇见他，我又问他，他支吾其词，说："这不要紧，我总替你们想法子。"不说是当然的了。因为他的说话二三其德，使我更觉得怀疑。

　　十七日，他们的说法又变了。他们说，我妻的病，肋膜炎已成过去，可是她的右肺有病，病的情形，是肺的上下部都好，而中部为结核菌所侵袭，蔓延颇广，而且情形相当严重，寒热就是由此而来的。我听了更怀疑了。这时候，我们虽住在医院里，还是和申医生较为接近，因为（一）他肯多谈，（二）说话也明白晓畅些。申医生是天天到官立医院去的，有时候，一天要走两三趟，因为请他看的病人，要是须进医院，他都介绍到官立医院去的。是他所介绍的病人，他都到官立医院去，访问访问他们治疗的经过，而官立医院的医生，还不如申医生的有主见，有时候，在治疗上，还要请教于他，这是到后来，官立医院里的护士透露出来的消息。所以他所介绍的病人，官立医院诊察的结果，他是没有不知道的，我和我的女孩，便跑去和他商量，他坚执着和官立医院一般的意见。我却提出几点反对的理由。（一）我妻的体格和她以前的情形以及从遗传上看起来，决没有传染肺痨病的理由。（二）我的妻，因为有疰夏的毛病，在战前两三年，每年夏天，总请医生诊视到二三十次。我们总是认定一个医生，请他诊视的，决没有连丘俗话所谓"贩医生"，实时时换医生之谓的毛病。倘使我们是贩医生的，医生庸或因诊视的次数少，不能精细，现在一个医生，总继续诊察到好几十次，倘使我的妻而有肺病，决没有始终不曾发现的理由。这是说战前的话，在战后，我们请医生诊视的次数是较少了，然而一年也总诊察到好几次，在下江六年，我们所请教的，不过两位医生，他们诊视的次数，也是较多的。（三）肺上下部都好，而中部大坏，这种情形，很少听见，我因此怀疑到官立医院的爱克司光透视，是否准确。申医生说："既然如此，为什么你的夫人，如此消瘦，而且形容很憔悴。"我说：这（一）由于她病已四星期，而且最初害过泄泻，中间又发过胃病的，而且现在寒热还重；（二）我的妻，向来容貌是丰腴的，近几年，她在更年头中，体格因而起了变化，形容也瘦削了。她从前曾患高血压，近几年，血压较应有的度数稍低，便是她近年来体格变化的证据，并不能全认为病状。申医生也提不出什么相反的理由，但他还相信官立医院的诊断是不错。

我们回到医院里，丙院长又来诊视。他对我的妻说："你虽有肺病，不要紧，我可以负责替你治好的。在从前，肺病没有根治的法子，现在却有了，那便是医学界最新发明的打空气针，你安心住在这里，过了一个时期，我给你打。"我的妻含糊答应，我听了却更怀疑了。所谓打空气针者，非即人工气胸软？这我在报纸的广告上已见过二十多年了，何最新发明之有？报纸上的广告，是最会尽情鼓吹的，却亦从没有说人工气胸可以根治肺病，而且害过肋膜炎的人，是不宜施行人工气胸的，我的妻，官立医院里不是一断她是肋膜炎么？就使已成过去，也是刚才过去，如何在医院里住一个时期，就可以施行人工气胸呢？

我们这时候，对官立医院的信仰，实已动摇了，可是申医生说："你们既来了，总该托他们所能做的诊察方法都做到了，才好出去。"我们想这话有理，于是继续住下去。这一天，就是十七日晚上，病人的寒热增重了，依旧口吐鲜血。医院用一种柳酸制剂。十八日晨，汗如雨下，这一天竟日有汗，温度退到体温以下。食欲较好，身体亦觉得轻健。十八日夜间，虽仍有寒热，而其势较轻，为时亦较短，我们以为病势业经好转了。谁想十九日下午六时，突然恶寒战栗，寒意直到夜间一时方止，热度竟高到华氏表一百零三度。当她发寒热的时候，我们想请医生来看一次，因照例诊察的时间已过，始终没有请到。二十日午前，医生来诊，依然固执是肺病。再三和他说："这寒热的样子，决不是肺病的。"他们终于不信，而固执着肺病是可以有这样高温度的。于此，又触动了我西医太轻视证候的思想，我想：理学的侦察，固然有很大的价值，然而这和中医的诊察，其实也不过是程度问题。病在人体的内部，是眼睛看不见的，这正和一间屋子，把门窗都关起来，无从知道其内部的情形一样。中医诊察的方法，只有候脉、辨舌，这譬如只会从门缝窗缝中窥探；西医诊察的方法多了，这像在门缝窗缝之外，又能于墙上挖一个洞，屋上揭去几片瓦一样。虽然窥探的法子多了，总还只是一个窥探，于此之外，而更有别种窥探的法子，我们总当充分利用，不可轻易放过的。所谓证候，大都是发现在外面的，这是屋外面的情形，连从门缝窗缝窥探和挖壁洞揭瓦片，都比不上了，然而有时候，其确实的程度，反在前述的几种方法以上。因为前述的几种方法，都是窥探，所得未必确实，屋外的**现象**，倒是明明白白，予人以共见的。譬如有一间屋子，在外面看起来，墙壁很潮湿，就可推知其内部必有积水，这是十分确实的。所以证候是最要紧的，遇到证候和脉象不符，多数是舍脉而从证。现在西医的治病，有的对于症状，实在太忽略了，譬如我妻的寒热，他们只注意其温度的高低，而始终不问其发寒热时的情景，实在是无此情理的。我和官立医院里的医生，是客气的，怀着这个意见，无从对他们说，而且明知道他们是不会接受的，说也无益，不如省些气力；对于申医生，我们要熟悉一些，而且觉得和他说话，也容易一些，我和我的女孩，便又去访问他，我就把怀抱的意见，对他都直说了。我又说："认为我妻的病为肺病，依我看，无论如何，总是误诊了的。"他说："那你认为什么病呢？"我说："依我看，倒有些像恶性疟疾。"他说："不然，肺痨病在急进的时候，突发这种高寒热，是可以有的。若说尊夫人的体格不会害肺病，至少不会忽而急剧进行，那身体再好些而传染急性肺病的人，也是有的呢。"他就举出一个河阳人来，说他的相貌怎样魁梧，饭量如何好，气力如何大，肺气如何足，他会吹喇叭，会跑马，会打猎，会赛跑，可是忽而传染起肺病来，进行得很快，竟措手不及了。我想："你这话更不对了。这种人的体格，算好的么？是适宜于抵抗肺病的么？这从常识上说起来，都有些牵强了。"我怀着这个意见，自然也不便说，我只说："既如此，她的体力，该消耗得很厉害，为什么直到现在，称起来，比病前还不过减轻了两磅呢？"他听了这话，似乎奇怪，停一会儿，他说："官立医院里所能做的诊察的手续，你们都已做到了，如要出院，似乎现在也可以出院。"他又说："你如其疑心她的病是恶疟，也可以试服阿的平和奎宁。两药并用，试服三天，如其是恶疟，总可以好的了，如其还不好，那就决不是恶疟了。"我想：这也未必是好办法罢。既如此，似不如出了院再说，回到医院里，和我的妻商量，就于这一天出院了。

出了官立医院之后，却怎样办法呢？我们这时候，更没有什么认得的医生，自然要想到私立医院。私立医院里最好的医生，据说是一位以色列人，他译的汉姓是滕，人家都称他为滕医生。佩服他的人说："他对于肺病，经验是很充足的。他听诊所得的结果，竟和爱克司光摄影之所得，无甚差池。"我妻此时，既有肺病的嫌疑，自然要去请教他了。可是他是不大肯出诊的，而我妻这时候，也实在懒得再进医院。乃由我的女孩，以老同学的资格，去请求荀女士，请她恳求医生来诊视一次，蒙她的要好，应允了。二十一日午后，滕医生便到我家里来，而且蒙荀女士同来，做了翻译。据滕医生说："我妻的右肺，似乎有些病，然而未必是肺结核。"据他的诊察："在肋膜炎以前，似乎害过肺炎的，可是这时候，症状已经过去，难于确定了。"他说："且照爱克司光的相，诊察清楚了再说罢。"我妻在出院之后，仍有寒热，不过减轻了些，他说："这寒热决不要紧的，你们不必着忙，这寒热是忽轻忽重的，不必去管它，要止的时候，自然会止。"又说："这病决不是什么重病，你们尽可放心，现在我们医院里照爱克司光相的人到下江去了，你们且耐心等几天，到他回来了，照了相，再定根本办法，现在且用些对症疗法。"因为医生如此大胆，我们也胆大放心了，就一切依照他的话。到二十六日，照爱克光相的虞先生才回来，我们就请他照了一张相，据照相的所得："我妻的本病，是肺炎而非肋膜炎，她左肺在少年时曾受过结核菌的侵袭，可是早已把它扑灭了。右肺则本来无病，而此次发炎，这时候还留有创痕两处，另一处则是行穿刺手术时刺伤的，创痕宛然，吐血的原因，就在乎此，并不是什么施行手术当然的结果。"诊察明白之后，也没有再服什么特殊的药，不久，我妻的寒热，果然自止，其余的病，也逐渐地退了。

我们这时候，对于滕医生，信仰颇深，觉得他是非常老练的；荀女士，口碑是不大好的，她的老同学，几乎没一个人不骂她，可是我们觉得她的态度，也还不错。到今年，我的妻再患病，自然又要去找到他了。我妻今年的病，是起于七月初的。这时候，气候颇恶劣，住在一所屋子里的人，有好几个都有些伤风，我妻也在其内，既伤风，自然有些咳嗽，后来大家的伤风都好了，她的咳嗽，却始终没有全好，因为一切都健康，也就没有介意。二十五日午后，忽然有些发热，至二十六日早晨退清。午后，温度又高了些。二十七日，没觉得什么，二十八日，却兼发起冷来。于是二十九日，到私立医院去请滕医生诊视，滕医生给了一服蓖麻籽油，又给了些退热药。服后寒热轻减，到三十一日，就全止了。咳嗽也轻减了些，而不能全止，泄泻则从服药之后，至此还是不止，我们知道不是药的作用了。因为我妻懒于行动，又要求荀女士请滕医生来诊视了一次。他说不要紧，给了些止咳药。到八月初二日，泄泻和咳嗽都好了，而初三、初四晚上，似乎又微有寒热，初五以后，又加重了。初八日，再到医院里去诊治，滕医生嘱咐验过血再说。验血的结果，说有疟菌，滕医生嘱服奎宁丸。无效。初九夜，寒热又稍重，初十日，我的女孩，到医院里去问他，他说："非注射不可，而且一天得注射两次。"这一天已来不及了，只午后注射了一次，是夜，寒热大重。十一日，再去问他，他说："注射的分量不足，是要刺激了寒热更重的，非一天注射两次不可。"这时候已将近午了，我的女孩赶回来和我的妻再赶到医院里，滕医生说："你一天来注射两次很疲乏，我派人到你家里两次也难，你不如住在医院里吧。"我的妻，本来是怕住医院的，但她相信奎宁治疟是有把握的，以为不过住两三天，寒热止了，就可以出院了，就答应下来。因为荀女士是熟人，住院的手续，是简单的，当时便有茶房来，领着我的妻进了一间病房。房间确好，可是二等的，要住五个人，这在我的妻，是不大惯的。于是又去找荀女士，换了一间头等病房，房间是坏得多了，且喜是独住。头等病房比二等病房贵七十二元一天，在这个年头，根本算不得什么。我们当时，一者怕同居的病人不安静，二者省得自己的举动随时要留心，否则要扰累他人，于心也觉得不安，所以掉换掉换，根本是无甚深意的。谁知后来，却觉得这一举很为得计，原来私立医院的规则，虽比官立医院好得多，然而我们住了一星期，仔细观察，觉得茶房对付头等病房的客人和二等病房的客人，态度也颇不相同，我们多花了几百块钱，免得看许多白眼，也算是值得的啊！

我妻这次住院，还是白天里由我去陪伴，晚上则由我的女孩去陪伴。十一日，即入医院的当天，连打了两次奎宁针。是晚未曾觉得发寒，温度也低减了。十二日夜，却又加重。于是医生嘱改服阿的平。十三日服了一天，十四日仍服阿的平，又加注射六零六。却是寒热依然如故。她的寒热，发时本在夜间十一时半，十五日却提早到下午五时，而且甚剧。医生说："这绝非疟疾了。""那么是什么病呢？"他说："内部必有发炎之处。"可也说不出是哪里发炎。他说："姑用消炎药再说。"于是内服消治龙，每隔四小时，又注射别种消炎药一次，十六日晨，热是退了，却到下床时，左足忽然不能跨步，而且立不住，我们急了，这时候太早，找不到医生，找到一个护士，我想：这和神经似乎有些关系。便婉言问她："这和打针有关系么？"她也支吾其词，说不出什么来。一会儿，护士长来了，说："叫你们服药，你们不肯服；替你们打针，你们又说打坏了腿。这叫我们如何办法呢？"我说："药何曾不服？哪一次不是照你们送来的药服的？左腿忽而不能运动，究竟是何原因，我们疑心到和打针有关系，不能禁止我们不许问，何尝说你们打针打坏？"她没什么说，走了。这一天，午前用爱克司光透视，午后说还靠不住，再用爱克司光摄影。据透视和摄影的结果，说肺与气管相近之处，略有黑影，其他则看不出有什么病来，而病人这时候，时起恶心，口吐黏液，竟日不能饮食。医生说："水分减少了，怕要酸中毒。"乃注射盐水和葡萄糖。历时颇久，病人既不能转侧，又不敢睡着，苦痛异常。这一夜，寒热是没有了，而泛恶和口吐黏液，彻夜不止。十八、十九两天，还是如此，病人觉得十分难受，十九日早晨起来，小便忽然全变作血，那我们更慌了，忙去请了护士来。护士长又来了，说："不一定是血的，且验了再说。"验后说确然是血。"那是什么原因呢？"拍爱克司光照的虞先生说："这或者膀胱里有病罢？"滕医生来诊视，并没说出什么来，我们托护士长去问他，护士长不肯去。我们问护士长："那么虞先生的话，你看怎样呢？"她说："医生不懂得，倒是他懂得？"我们在这时候，觉得无从说起了，于是说话暂行停顿。

一会儿，护士长又来了，说要打盐水针。病人在这时候，实在有些怕打了，便问她："为什么又要打盐水针？"她说："我也不知道，医生说的。"据医院里的人说："滕医生的脾气，是不大好的，他说什么话，要是护士等问他，他就要发怒。护士等怕碰他的钉子，都不甚愿意和他多说话。"我们到此刻，对于私立医院的态度和滕医生的治疗方法，也开始有些怀疑了，我妻于是想出院。正在商量时，护士长又来了。她说："你们如不肯打盐水针，就只有出院。"她的态度，是很坚决的，其神情，则不但坚决而已，还颇露出犷悍的样子。我仍诚恳地对她说："她针打得多了，身上针眼作痛，未免有些怕打针，尤其是盐水针，要久久不能转侧。你们如顾虑到她营养不足，那她本来是能吃的，这几天胃病发了，才不能吃，胃病是神经性的，只消想法子，把她的神经安慰一下，她自己能吃，营养就不成问题了。"护士长沉着脸说："用什么法子安慰她的神经呢？"这话殊使我难于置对，我略想一想，乃回答道："我在二十多年前，也是有胃病的，后来用废止朝食之法治好。我的胃病，是胃神经痛，发作的时候，痛得很厉害，总是暂用镇静的方法的。譬如医生给我吃鸦片酒，大约十五分钟，可以止痛，如用抽大烟的方法，抽几口大烟，那不到五分钟，痛就止。"我这话，不过是举一个例，当然不是指派她用什么方法医治，这是无待于言的。这个道理，怕任何人都会明白。谁想她却介面道："你们要抽大烟么？请到院外抽去，这里是不能抽的。"这时候，我觉得她的态度太离奇了，便反驳她道："我并不是说要抽大烟，不过举一个例。况且，用鸦片做药治病和抽大烟，截然是两件事。抽大烟是犯法的，用鸦片治病，并不犯法。你们现在，难道绝不使用鸦片制剂么？"她没得说，又走了。不多一刻，我的女孩，走到化验室里去，想再和他们谈几句话，她却正在化验室里大发议论，说："这个病人的病，是不能治的，病人不听医生的话，她的男人又胆小。"这话真不知从何说起？我的女孩，也没驳她。她却又说："他们现在，倒想抽大烟了，我们这医院，能抽大烟么？"听到这里，我的女孩忍不住了，便道："我们何尝说要抽大烟？我父亲的话，难道你都没听清么？"便把我刚才和她的问答，述了一遍。拍爱克司光照的虞先生听了，点一点头。

这一天，我们就出院了。出院之后，请一位留逊其医生诊治。留医生的父亲，本是我的至友，因为他初行医，所以一时没想到他，这时候想到了，便请他来诊视。他说："从前的病，或者是肾盂炎。疟疾怕是误诊了的。因为私立医院近来换了一位化验员，这化验员，听说年轻资浅，技术不大可靠。至于便血，则或者是消炎药追得太急，尤其是紧接着六零六注射之后，以至于此。"留医生和我们，是很亲切的，本可径请他医治，苦于他和乡间一个施诊所有特约，明天一定要下乡，于是不得不再想医生。私立医院里，有一位护士，唤作侯民节，她和一位文端玉女士是亲戚，这文女士，既是我妻的义女，又是我女孩的同学，侯女士对我们颇为亲切，我女孩便去请教她。她介绍了一位全医生，说："他医道还不错，而且他的父亲在私立医院服务多年，他和私立医院中人很熟悉，是在私立医院治疗的人，以前的经过，他都可以调查。"于是我们就请全医生诊治。诊断的结果，和留医生也无甚差池，不久，我妻的病，也就好了。

平心而论，这一次滕医生替我的妻诊病，是很尽心的。但他对我妻的病不是疟疾，似乎发觉得太迟；而且他去年替我妻治病时，十分镇定，今年却似乎犯了手忙脚乱的毛病，这个毛病，在治疗上，似乎也是犯忌的，不知他何以如此。这也见得治病之难。然而他的态度，毕竟还不错。

原载《文艺春秋丛刊》之四《朝露》，上海永祥印书馆1945年6月版；《文艺春秋丛刊》之五《黎明》，上海永祥印书馆1945年9月版

物价偶忆

我因有意钩考物价之变迁，在战前搜集材料颇多，不幸旧居为敌军炸毁，所搜集的材料，亦随之而俱佚矣。现在仅剩回忆所及三数事，拉杂写述于下：

我之外祖父，兄弟四人，外祖父次居三，与长兄皆死于太平天国之难，其季早亡，惟其仲存，而妻又早丧。晚年自理家事，甚为费力，然仍不能善。外家食指繁多，一夕，外祖父之兄召厨人而责之曰：从未闻有一家每日食盐一斤者。厨夫曰：盐三十二文一斤，而家中吃饭者三十三人，是每人食盐一文尚不到也。闻者明知其为强辩，然仓促间亦无以难之。此事在同光之际，即一八七五年前后。

光绪十八年，即一八九二年，余年八岁，偶食红烧猪肉而嗜之。余之继祖姒，甚爱余，即敕厨人再做一次。明日，厨人入市归，禀余继祖姒曰：今日系老太太买给小少爷吃的肉，故止七十六文一斤。余时不解所谓，问诸余母，乃知是时猪肉之价，为每斤八十文，然售诸厨人者，则为七十六文，而厨夫报账于主人，则仍为八十文，以主人即自往买，亦为八十文。故此四文，为厨夫公开之好处，是日厨夫并此四文而不赚，则为报效主人矣。不用厨夫之家，而买肉欲以七十六文一斤计者，必立折奁计而后可。如以现钱往买，则必须八十文。因立折奁算之家，食肉必多，故肉店有此例以优待主顾也。

数十年之糖价，余不能忆，问诸人，亦无能知者。三十一年冬，遇一糖业中老人，问之，亦不能举确数。但云：如以糖与他物之比价计之，则战前之糖价，较之三四十年前三分之一。研究世界商品者，谓糖为继续跌价物之一也。

即在一八九二年，余随余父至江浦县。方未往时，闻人言：其地鸡卵只两文一枚，鱼只二十文一斤。及至其地，果然。言者之意，颇以其价为廉，则吾乡（武进），是时鱼与鸡卵之价，必较此略昂也。

予初入酒肆饮酒，事似在光绪二十九年，即一九〇三年，是时酒价，每碗十六文，四碗为一斤。

物价之剧变，起于铜圆流行之后。若用小平钱时，其价之廉，殊非今日所能想象也。犹记是时雇用人力车，索价二十文，还以十六文，卒乃以十八文定议。当时此等车甚多。

余之久居上海，已在民国以后。当时闻人言：在上海吃饭，最廉者每餐仅数十文。即吃饭两碗，每碗六文，共十二文；咸肉两斤，沪语谓之干切，每斤二十文，共四十文；豆腐一大碗，二十一文：共七十三文耳。此为铜圆未盛行，零售论钱码不论洋码时事。余居沪时，已无其事矣。然民国元年，余至西门，在茶肆中啜茗一碗，仍以钱计，只铜圆两枚。

铜圆流行，凡物皆从钱码改为洋码，此为物价之一大变，然其事亦行之以渐，一九一〇、一九一一两年，余数出入于南通，趁轮船或在天生港或在芦泾港，天生港有趸船可憩，芦泾港则必止逆旅中。自黄昏至半夜，兼吃饭一顿，不过钱二百文耳。时尚未改洋码也。

上海之饭，六文一碗，廉矣，然如吾侪读书人，可人吃两碗。余友屠元博，名宽，曾自宜昌走旱道入川，道中饭亦卖六文一碗，则虽苦力食量较小者，几不能尽也。此事在光绪庚子，即一九〇〇年前后。

原载1946年5月1日《文献》第1卷第4期

蠹鱼自讼

"臣朔犹饥，侏儒自饱，毕竟儒冠误"，这种感慨，从前读书人是常有的，我却生平没有这一种感慨。

我觉得奋斗就是生命，奋斗完了，生命也就完了。从前文人的多感慨，不过悲哀于不遇，奋斗是随时随地都有机会得的，根本无所谓遇不遇。况且我觉得文人和学人的性质，又有些不同。文人比较有闲，所以有工夫去胡思乱想，学人则比较繁忙，没有什么闲的工夫。我虽没有学问，却十足做了半生的蠹鱼，又何从发出什么感慨来呢？

然而我也说"被读书误了"，这又是何故？

这话倒也是站在学人的立场上说的。学问之道，贵乎求真，"真的学问，在空间不在纸上"，这个道理，是容易明白的。自然，最初写在纸上的，是从空间来的，不然，它也不会有来路。然而时间积久了，就要和实际的情形不合，所描写的，不是现在的情形了；所发表的意见，也和现在不切。然而时间积久了，就使它本身成为权威，以为除书所载而外，更无问题，而一切问题，古人也都已合理地解决了，所苦者，只是我们没有能了解古人的话，或虽了解而不能实行。即有少数人，觉得书之外还有问题，古人解决问题的方法，亦未为全是的，然而先入为主，既经受了书的暗示，找出来的问题，还是和古人相类。而其所谓解决的方法，也出不得古人的窠臼，和现在还是隔着一重障壁。所以从来批评读书人的，有一句话，叫作"迂阔而远于事情"。"情"是"实"，"事情"就是"事实的真相"；"迂"是绕圈子，"阔"是距离的远，你不走近路而走远路，自然达不到目的地，见不到目的物的真相了。这一个批评，实在是不错的，读书人的做事，往往无成，就是为此。

然而不读书的人，做事也未必高明些，这又是何故？固然，他们有成功的，然而只是碰运气。运气是大家可以碰到的，就读书人也未必不能碰到。不学无术的英雄，气概是好了，也未尝不失败，就是为此。老实说：他们的做事，比读书人也高明不出什么来，甚而至于还要低劣些，因为读书人还有一个错误的计算，他们则并此而无之了。

做事情要有计算，毕竟是不错的。读书人的错误，并不在于他们的喜欢研究，而在于所研究者之非其物。研究的对象错了，自然研究的结果，无一而是了。别人我不敢说，我且说我自己。我亦不敢说得远，且说这两年来的事情。

我是半生混迹于都市之中的，近两年来，却居住和往来于乡间有一年半之久，这是我换了一个新环境了，我却得到些什么呢？

近几年来，时局大变了。时局的变化，是能给人以重大的刺激和亲切的教训的，就乡下人也该有些觉悟，然而大多数人，混沌如故。他们对于时局的认识，到底如何？感想到底如何？

离开时局说，一个人总有他的世界观和人生观的。有些人，以为哲学是高速绝人之物，这根本是一个误解。每一个人，总有他的世界观和人生观，这就是他的哲学了。哲学虽看似空虚，实在是决定人生的方向、指导他的行为的。然则他们哲学上的见地，究竟如何？自然，他们哲学上的见地，也不能一致。然则老的如何？少的如何？男的如何？女的如何？庄稼人如何？做手艺的如何？足迹不出里闾者如何？常往来于城市者如何？……

以上的话，似乎太笼统了，说得具体些。这几年来，乡间实在有一个严重的现象，那就是人口，而尤其是壮丁的减少。工资腾贵了，以今日的币价而论，或亦可说其实并没有腾贵，然而就是你真提高了工资，也还是雇不到人。事业比战前，并没有扩充，而且显著地减少了，人浮于事的现象，则适得其反，这能说是人口至少是壮丁没减少么？然而你问起人家来，人家总说并没有减少，甚而至于说还有增加。他或者看见他的亲戚、朋友、邻里，新添了一两个丁口，而老的也没有死去罢？

农产品腾贵了，乡里人的生活，究竟如何？有一个比较留心的人对我说："最好是三十年。这时候，农产品已经比较腾贵了，别种物价的腾贵，却未至如今日之甚，税捐的剥削，也还未至如今日的厉害，币价却低落了。我们乡间，有一种'活田'，就是名为卖，而有了钱，依然可以出原价赎回的。据说在这一年，乡下人这种田，几乎赎去了十之八九，佃农变作自耕农了，这是一个生活较好的铁证。近两年来，各种物价，都腾贵了，税捐的剥削，也更厉害了，就乡下人也大呼生活艰难，然而生活必要的资料，尤其是食料和燃料，他们手里毕竟有一些实物，和城市中人动辄要买，而且还不易买到的不同，所以他们的生活，比城市中人，毕竟要好些。"以他们向来勤俭的习惯而论，处这极其危险，而还未至于绝无可为的地位，该格外奋勉向上。然而有一部分人，却因手中货币虚伪的数量上的增多，或者交易上一时的有利，而露出骄气，其实是暮气来了。譬如，有一个佃户，找他的田主要借钱。田主道："我借给你，也不过两三千元。"佃户便哼的一笑道："两三千元么？我上茶馆天天带着的。"这所谓上茶馆，并不是真去喝茶，你只要午后走过市集，便可见得所谓茶馆里，并没有一个人在那里喝茶，你如走得口渴，要想泡一碗茶喝，他也可回说没有。真的，他的火炉中并没有火。然则茶馆开着做什么呢？你再一看，就可见一桌一桌的人，在那里叉麻雀了，叉麻雀还算是文气的，还有更武气的赌。茶馆里也算是比较优等的地方，劣等一些，便在人家檐宇下，安放一张桌子，或者还是凳子，四面围着些人，便在那里掷骰子、推牌九了。落在后排的，便自己带了凳子来，高高地站在上面，在人背后奋勇参加。

这还是不至于沦落的人，沦落的人，就更无从说起了。有一个佃户，因为替田主照应坟墓的关系，既不交租，又不完税，而且还住了田主的屋子。然而他穷得了不得，谷未登场，已非己有，有钱在手里就赌。近两年而且害起病来了，不能耕种，十亩倒荒掉五亩以上，那五亩不到，还是他女人勉力种的。他却天天站立在门外，负手逍遥，见有收捐的人来，便从屋后向田野中溜掉了，让他的女人去支吾。

这种人，或者可以说是生来就能力薄弱的，然亦有向来勤俭的人，在这几年中，环境也逼迫他，或者引诱他，使他堕落。有一个城市中人，在战前，是相当勤俭的。他产业的收入不多，靠亲戚贴补些，又自用缝衣机器缝衣，也还图个温饱。战时房屋烧掉了，他便把地皮卖掉，到乡间买了二十多亩田。这时候，还很有勤俭自持的样子。不知如何，忽而把毒品吸上了。从此渐渐地不像个人。一两年后，身体也衰弱得不成话了。有一天，吃了晚饭，勉强走出去过瘾，竟因心脏的工作忽而发生障碍，就死在售吸之处，仅有的余款和田地契等，被和他有同嗜的人，回到他寓处掳去了。

这是乡间的情形，至于城市之中，则我在两年前回乡时，觉得大家还有些震动恪恭的意思，未忘其所处者为非常时期，今则此等人几于不可复见了。变节不会变得这么快，或者是"贤者辟地"了罢。否则"万人如海一身藏"，"众里寻他千百度，蓦然回首，那人却在，灯火阑珊处"，自然也是不容易遇见他的。眼前数见不鲜的，则不是想发横财，就是且图享乐。再不然，就是刺激受得逾度而麻木了。什么事情，也刺激他不动，正像耳朵给炮声震聋了，再也听不见什么一般。现在的环境，真能使人堕落么？然而不靠白血球和病菌苦战一番，安能使新陈代谢的作用旺盛，而收除旧布新之效呢？

迷信事项，不论在城市在乡，都见其盛行，且如现在是九秋天气，我们家乡的风俗，从旧历九月初一日起，到初九日止，是有所谓"拜斗"亦谓之"礼斗"的一种举动的。那便是道士，或者虽非道士而着了道士的衣服，念着一种"斗坛经"，向所谓北斗星君者磕头礼拜，求其增加寿算，或者不克减。拜斗之处，明明是一所屋子，其名称却谓之坛。在敝处小小的一个城市中，所谓坛者，却也有好几处。最初，拜斗的人，都自以为是功德。他们有一种公款，以作开支，并不靠人家补助的。然而"蝼蚁尚且贪生，为人岂不惜命"？增加寿算，或者不克减的事，岂怕没有同志？而况"南斗注生，北斗注死"，这传说业已不知其几何年，岂怕没人相信？于是有害了病，去请他们拜斗，以求不死的；也有虽然无病，而亦去请他们拜斗，以期更享高龄的。久而久之，拜斗也逐渐地商业化了，虽然抱着做功德之念者，今日亦非遂无其人。在战前，礼斗一次，不过花上二三百元，现在则起码万元，多的到万五千元以外。然而从初一到初九，应付这些主顾，还是来不及，而不得不把拜斗之期，延长到初十以后，这是眼前的即景，追想几个月前，关帝庙中的庙祝，说某日是关帝的生日了，托人四出募捐。旬日之间，所得计有二十万。一天工夫，据说都花销完了。经手的人不必说，布施的人，该是"诚发于中"，"义形于色"，必不容人家有什么不端的行为的了，然而就是关帝生日这一天，关帝庙里，就呼卢喝雉了一夜，他们竟熟视若无睹，无可如何？或者也有之，然又何苦踊跃输将于前呢？还有所谓什么道的，所崇拜的对象，不知是什么；所讲的道理，更其非驴非马，听得要使人"冠缨索绝"。然而相信他的人，也是不远数百里而来，所捐输的款项，据说亦在数十百万以上。

堕落的为什么堕落？颓放的为什么颓放？发狂的为什么发狂？痴迷的为什么痴迷？这都各有其所以然的，断不是坐在家里，用心思去测度所能够知道。发愤骂人，总说人家不应该如此，那更可笑了。"世界上是没有一件事情没有其所以然的，即无一件事情是不合理的，不过你没懂得他的理罢了。"怎样会知道许多道理呢？那就要多多和事实接触，且如今日，人口到底减少不减少？如其减少，是怎样减少的？所减少者专在壮丁，还是连老弱都受到影响？其减少的原因，又是为何？我固然没有法子像调查户口般逐户去调查，然使周历乡间，多和各种人物接触，难道没有机会知道其中一些真相么？这是一端，其余可以类推。总而言之，和各种事实接触得多了，和各种人物接触得多了，自然你易于知道一切事情真相，向来知其然而不知其所以然的，自然有许多你能够知其所以然了。这里头，一定有许多崭新的材料，为你向来所梦想不到的，使你见所未见，闻所未闻，不徒能增加知识，而且还饶有趣味。

这事情难么？我是有资格可以去访问乡间的所谓乡先生的，城市中人，熟识的更多了。他们或者都以为我是一个无用之人，然亦都知道我是个老实人，别无作用，一切事情的真相，对我尽情吐露，并无妨碍。听他们的说话，或者一时不易得到要领，然而我自有法子去探问；听了他们的话，我自会推测、补充、参证、综合的。至于城市中素未认识，而又谈话比较有条理的人，乡间的农夫野老、妇人孺子，你要和他接触，而使你得到一个满望的结果，那更容易了。总而言之，只要你有决心，有耐心，去和他们接触，决不会无所得，而且所得一定很多。在交通上，周历各处，在今日或者是比较困难的，而且还冒些风险，然亦未至于不可通行。我们从前读书，不常看见乱离之时，交通困难，要避免了某种特殊势力，或者要结托了某地段的豪杰，才能够通行无阻么？在今日，正可亲历其境，以知道所谓乱离之世的真相，不但活生生的事实，不放它眼前空过，就是读书时候所见到的许多事实，知其然而不知其所以然，百思不得其解，就自以为解，其实也是误解的，也可因活事实的参证，而知道其所以然了。喜欢读说部的人，为什么多？喜欢读正书的人，为什么少？岂不以说部的叙述比较详尽，容易了解；又其材料都为现代的，亲切有味么？其实说部的内容，就使都从阅历得来，和实际的事实总还隔着一层；也是闭门造车的，更不必说了。活生生的事实，比起说部来，又要多么易于了解，亲切有味？何况干燥无味的正书呢？

此时此地，是何等获得知识、饶有趣味的好机会？然而我竟轻易地把它放过了，我还只做了两年的蠹鱼。

我为什么如此说呢？一者，读书读得太多了，成为日常生活的习惯，就很怕和人家交接了。这实在是自己的畸形发展，倒总觉得和人家交接，浅而无味，俗而可厌。于是把仅有的外向性都消磨尽，变成极端的内向性了。二者，在书上用过一番功夫，而还无所成就，总觉得弃之可惜，于是不免赓续旧业，钻向故纸堆中。从前梁任公先生叹息于近代史的寥落，他说："我于现代的史实，知道的不为不多，然而我总觉得对于现代的兴味，不如古代。"任公先生，现在是与世长辞了，他所知道的，甚而至于是身历其境的，怕百分之九十几，都没有能写出来。任公先生是比较能做实事的人，尚且如此，何况我这真正的蠹鱼呢？

然而我毕竟不能不算是一个错误。

然而"往车已覆，来轸方遒"。我在乡间学校里，曾发愤，每天提出一个钟点来，和学生谈话。我所希望的，是不谈书而谈书以外的事实，有机会时，把他引到书上去，使书本和事实，逐渐地打成一片。然而来的都是喜欢读书的人，所谈的也都是书上的话。要想把他引到现实上去，因为有许多问题，离现实太远了，竟无法引而近之。不但学生，即教育者亦大多数以为"读书就是教育，教育就是读书"，家长更不必论了，到现在，中等学校教员中，还有要讲桐城家法，听得我会写语体文而惊讶的。这或者是迂儒，然我亲见实业上比较成功的人，请人在家讲《孝经》。又有一个某实业团体的会，请了两位先生，排日讲《书经》《礼记》。他们说："这两位先生，隔日要讲一次，未免太累了。"托人致意于我，想我也去讲一种古书，"如此就每人可以隔两天"，被我笑谢了。

我们的社会，和现实相隔太远了，这未免太不摩登了罢？我并不说读书不是学问。书，自然也是研究的一种对象，然而书只可作为参考品，我们总该就事实努力加以观察，加以研究的。不但自然科学如此，社会科学，更该如此。因为社会科学，现在所达到的程度，较之自然科学，相差得太远了，在纷纭的社会现象中，如何搜集材料？如何加以研究？一切方法，都该像现在的读书一般，略有途辙可循，略有成法可以授人，而随时矫正其谬误，这才是真正的教育。至于把书本作为对象而加以研究，这自然也是一部分的事业，也有一部分性质适宜于此的人，然而适宜于此的人，怕本不过全体中一小部分。因为人的性质，自能因关系的亲疏，而分别其兴味的浓淡的。书本较诸现实，关系当然要疏远些，感觉兴味的人，自然少了。现在把一小部分人能做的事业，强迫全体的人都要这么做，这亦是现在的教育所以困难的一个原因罢？

会说读死书是无用，学问要注重现实的人，现在并非没有，而且算是较摩登的。然而这种人，往往并无所得，较诸只会读书的人，成绩更恶劣了。这是由于现在说这一类话的人，大都是没有研究性质的人，把他们来和读死书的对照，还只是以无研究的人和所研究者非其物之人相对照而已，并不能作为读死书的人的借口。

原载《文艺春秋丛刊》之三《春雷》，上海永祥印书馆1945年3月版

第二辑　读书治学

读书的方法

读书，到底是有益的，还是有害的事？这话是很难说的。

一　学问在于空间，不在于纸上

要读书，先得要知道书上所说的，就是社会上的什么事实。如其所说的明明是封建时代的民情，你却把来解释资本主义时代的现象；所说的明明是专制时代的治法，你却把来应付民治主义时代的潮流：那就大错了。从古以来，迂儒误国，甚至被人姗笑不懂世事，其根源全在于此。所以读书第一要留心书上所说的话，就是社会的何种事实。这是第一要义。这一着一差，满盘都没有是处了。

二　精读或略读

知道书上的某种话，就是社会上的某种事实，书就可以读了。那么，用何种方法去读呢？

在《书经》的《洪范》篇上，有"沉潜刚克，高明柔克"两句话。这两句话，是被向来讲身心修养的人，看作天性不同的两种人所走的两条路径的。其实讲研究学问的方法，亦不外乎此。这两种方法：前一种是深入乎一事中，范围较窄，而用力却较深的；后一种则范围较广，而用功却较浅。这两种方法：前一种是造就专家，后一种则养成通才。固然，走哪一条路，由于各人性之所近，然其实是不可偏废的。学问之家，或主精研，或主博涉，不过就其所注重者而言，决不是精研之家，可以蔽聪塞明，于一个窄小的范围以外，一无所知，亦不是博涉之家，一味地贪多务得，而一切不能深入。

三　治学的程序

从理论上讲：

第一，当先知现在共有几种重要的学问。

第二，每一种学问，该知道它现在的情形是如何？最重要的，有哪部书？

第三，对于各种重要学问，都得知其崖略。

第四，自己专门研究的学问，则更须知道得深一些。

第五，如此者，用功既深，或则对于某种现象，觉得其足资研究，而昔人尚未研究及之，我们便可扩充研究的范围。

又或某种现象，昔人虽已加以分析，然尚嫌其不够细密，我们就可再加分析，划定一更小的范围，以资研究。

又或综合前人的所得，更成立一个较大的范围。

又或于前人所遗漏的加以补充，错误的加以改正。

四　先精读后略读，再两者并用

如此，就能使新学问成立，或旧学问进步了。然则入手之初，具体的方法，又当如何呢？那亦不外乎刚克、柔克、二者并用。

专门研究的书，是要用沉潜刚克的方法的。先择定一种，作为研究的中心，再选择几种，作为参考之用。"一部书的教师，是最不值钱的"。一部书的学者，亦何莫不然。这不关乎书的好坏。再好的，也不能把一切问题包括无遗的，至少不能同样注重。这因为著者的学识，各有其独到之处，于此有所重，于彼必有所轻。如其各方面皆无所畸轻，则亦各方面皆无所畸重，其书就一无特色了。无特色之书，读之不易有所得。然有特色的书，亦只会注重于一两方面，而读者所要知道，却不是以这一两方面为限的。这是读书所以要用几种书互相参考的理由。这一层亦是最为要紧的。每一种书中，必有若干问题，每一个问题，须有一个答案，这一个答案，就是这一种学问中应该明白的义理。我们必须把它弄清楚，而每一条义理，都不是孤立的，各个问题必定互相关联。把它们联结起来，就又得一种更高的道理，这不但一种学问是如此，把各种学问联结起来，亦是如此，生物学中竞争和互助的作用，物理学生质力不灭的法则，都可以应用到社会科学上，便是一个最浅显的例子。学校的教授，有益于青年，其故安在？那（1）缘其所设立的科目，必系现今较重要的学问；（2）缘其所讲授的，必系一种学问中最重要的部分；（3）而随着学生的进修，又有教师为之辅导，然即无缘入学的青年，苟能留意于学问的门径，并随时向有学问者请益，亦决不是不可以自修的。

基础的科学，我们该用沉潜刚克的法子，此外随时泛滥，务求其所涉者广，以恢廓我们的境界，发抒我们的意气的，则宜用高明柔克的法子。昔人譬喻如用兵时的略地，一过就算了，不求深入。这种涉猎，能使我们的见解，不局于一隅，而不至为窒塞不通之论。这亦是很要紧的。因为近代的专门学者，往往易犯此病。

两途并进，"俛焉日有孳孳"，我想必极有趣味。"日计不足，月计有余"，隔一个时期，反省一番，就觉得功夫不是白用的了。程伊川先生说："不学便老而衰。"世界上哪一种人是没有进步的？只有不学的人。

原载1946年6月3日《正言报》读书生活副刊

青年如何为学和做人

一　青年为学应深通、深入

单说研究学术，似乎太空泛了些，我现在，指出青年研究学术应该注意的两点：

（一）眼光要放大

大不是空廓不着实际之谓，乃是不拘于一局部，则对于所专治的学问，更能深通，而出此范围以外，亦不至于冥行擿埴。关于这一点，雷海宗先生的话，可谓实获我心（此篇系《大公报》星期论文，题曰《专家与通人》，今据一九三〇年四月八日《中美日报》每周论选节录）。他说：

> 专家的时髦性，可说是今日学术界的最大流弊。学问分门别类，除因人的精力有限之外，乃是为求研究的便利，并非说各门之间，真有深渊相隔。学问全境，就是对于宇宙人生全境的探讨与追求。各门各科，不过由各种不

同的方向和立场，去研究全部的宇宙和人生而已。人生是整个的，支离破碎之后，就不是真正的人生。为研究的便利，不妨分工，若欲求得彻底的智慧，就必须旁通本门以外的智慧。各种自然科学，对于宇宙的分析，也只有方法与立场的不同，对象都是同一的，大自然界，在自然科学发展史上，凡是有划时代的贡献的人，没有一个是死抱一隅之见的。他们是专家，但又超过专家。他们是通人。这一点，总是为今日的专家与希望作专家的人所忽略。

一个科学家，终日在实验室中，与仪器及实验品为伍，此外不知尚有世界，这样一个人，可被社会崇拜为大科学家，但实际并非一个全人，他的精神上的残废，就与足跛耳聋，没有多少分别。再进一步，今日学术的专门化，不限于科。一科之内，往往又分许多细目。例如历史专家，必须为经济史或汉史，甚或某一时代的经济史或汉代某一小段。太专之后，不只对史学以外不感兴味，即对所专以外的部分，也渐疏远，甚至不能了解。此种人本可称为历史专家，但不能算历史家。片断的研究，无论如何重要，对历史真要明了，非注意全局不可。我们时常见到喜欢说话的专家，会发出非常幼稚的议论。他们对于所专的科目，在全部学术中所占的地位，完全不知，所以除所专的范围外，一发言，不是幼稚，就是隔膜。

学术界太专的趋势，与高等教育制度，有密切的关系。今日大学各系的课程，为求专精与研究的美名，舍本逐末。基本的课程，不是根本不设，就是敷衍塞责。而外国大学研究院的大部课程，在我国只有本科的大学内，反而都可找到。学生对本门已感应接不暇，当然难以再求旁通。一般学生，因根基太狭，太薄，真正的精通，既谈不到，广泛的博通，又无从求得。结果，各大学只送出一批一批半生不熟的知识青年。既不能作深刻的专门研究，又不能应付复杂的人生。抗战期间，各部门都感到人才的缺乏。我们所缺乏的人才，主要的不在量而在质。雕虫小技的人才，并不算少，但无论作学问或作事业，所需要的，都是眼光远大的人才。

凡人年到三十，人格就已固定，难望再有彻底的变化。要作学问，二十岁前后，是最重要的关键。此时若对学问兴趣，立下广泛的基础，将来工作无论如何专精，也不至于害精神偏枯病。若在大学期间，就造成一个眼光短浅的学究，将来要作由专而博的工夫，其难真如登天。今日各种学术，都过于复杂深奥，无人能再希望做一个活百科全书的亚里斯多德。但对一门精通一切，对各门略知梗概，仍是学者的最高理想。

这一篇话可谓句句皆如我之所欲言。以我所见，今日的青年，专埋头于极狭窄的范围中，而此外茫无所知的，正不在少。此其原因：

（1）由于其生性的谨愿，此等人规模本来太狭，不可不亟以人力补其偏。

（2）则由于为现时尊重专家之论所误，读雷君此文，不可不瞿然警醒。

（3）亦由迫于生计，亟思学得一技之长，以谋衣食。然一技之长，亦往往与他科有或深或浅的关系。而人也不该只想谋衣食，而不计及做一个完全的人。而且苟能善于支配，求广博的知识和求专门的知识技能，也并不相碍，而且还有裨益。

所以现在在校的学生，固应于所专的科目以外，更求广博的知识。即无机会受学校教育的青年，亦当勉力务求博览。学问有人指导，固然省力，实无甚不能无师自通的。现在的学生，所以离不开教师，正由其所涉的范围太狭，以致关涉他方面的情形，茫然不解。遂非有人为之讲解不可。亦由其看惯了教科书讲义，要句句看得懂的书，方才能看、肯看，不然就搁起了。如此，天下岂复有可读之书？若其所涉博，则看此书不能懂的，看到别一部书，自然会懂，届时不妨回过来再读这部书，何至于一有不通，全部停顿？须知一章一节，都有先生讲解，在当时自以为懂了，其实还不是真懂的。所以求学的初步，总以博涉为贵，而无师正不必引为大戚，况且现在孤岛上的学校，能支持到几时，根本还不可知呢，难道没有学校，我们就不读书了么？

（二）治学问要有相当的深入

历史上有一件故事：汉宣帝是好法家之学的，其儿子元帝，却好儒家之学。据《汉书·元帝纪》说：元帝为太子时，"尝侍燕，从容言：陛下持刑太深，宜用儒生。宣帝作色曰：汉家自有制度，本以霸王道杂之，奈何纯任德教，用周政乎！且俗儒不达时宜，好是古非今，使人眩于名实，不知所守，安足委任？乃叹曰：乱我家者太子也。"后来元帝即位，汉朝的政治，果自此而废弛。这"使人眩于名实，不知所守"十个字，可谓深中儒家之病。儒家崇尚德化，自系指小国寡民、社会无甚矛盾的时代言之。此时所谓政治，即系社会的公务。为人君者所发的命令，诚能行于其下；而其日常生活，亦为人民所共见共闻，如其持躬整饬，自能使在下的人，相当的感动兴起。有许多越轨的事情，在上者果然一本正经，在下者自然不敢做。因为一本正经的在上者，对于在下者的不正经，必要加以惩治的，而其惩治亦必有效力。举一个实例。吾乡有某乡董，不好赌。当这乡董受任以前，有一群无赖，年年总是要在该乡中开赌的，差不多已成为惯例了。某乡董受任以后，他们依旧前来请求。拒绝他，是要发生很大的纠纷的。某乡董也就答应了。到开赌之期，某乡董却终日坐在赌场上。一班想赌的人，看见他，都望望然去之，这赌场竟无人来，不及期，只得收歇。古之所谓德化者，大约含有此等成分，而俗儒不察事实，以为所谓德化者，乃系一件神秘的事，不论环境如何，也不必有所作为，只须在深宫之中，暗然自修，就不论远迩，都可受其影响了。

还记得中日甲午之战，中国屡战屡败，有两个私塾学生，乘着先生出去，相与研究其原因。甲学生说不上来，乙学生想了俄顷，说道："总还要怪皇帝不好，他为什么不修德呢？"甲学生听了，甚为佩服。这固然是个极端的例，然而从前的迂儒，其见解大概是这样的，至多是程度之差，而不是性质之异。此其受病的根源，即在于不察名实，不管眼前的景象如何，书上的学说背景如何，似懂非懂地读了，就无条件地接受了，以为书上具体的办法，就可施于今日了。

主张复古的人，至于要恢复井田封建，其主要的原因，就在于此。即不泥于事实而务推求原理，也还是要陷于同样的谬误的。因为原理本是归纳事实而得的，不察事实，就不论怎样不合实际的原理，也会无条件加以接受了。

譬如一治一乱，是中国士大夫很普遍的信条，为什么会相信一治一乱，是无可变更的现象，而一盛一衰，遂成为人间世无可弥补的缺陷呢？因为治必须震动恪恭，而他们认人之性是一动一静，紧张之后，必继之以懈弛，因而勤劳之后，必继之以享乐的，而人之所以如此，则实与天道相应，这是从《周易》以来相传下来的观念，可说是中国最高的哲学思想。

其实易家此等见解，乃系归纳自然现象而得，根本不能施之于人事。因为人是活的，自然界是死的。即欲推之于人事，亦只能适用于有机体，而不能适用于超机体。个体是有盛衰生死诸现象的，群体何尝有此？目今论者，往往指某民族为少壮，某民族为衰老，其实所谓衰老，只是一种病象罢了。生命既不会断绝，病就总是要痊愈的；生命既无定限，亦没有所谓盛壮及衰老！然则《周易》的哲学，根本是不能用之于社会现象的。而从前的人，却以为其道无不该，正可以说明人事，正应该据之以应付人事，这就是不察名实之过。因为他们根本没有把《易经》的哲学和社会现象校勘一番，以定其合不合，而先就无条件接受了。

二　先读科学书，后读古书

读旧书到底是有益的，还是有害的？这个问题，很难得满意的解答。平心论之，自然是有利有害。但对于先后缓急，却不可不审其次序。对于现在的科学，先已知其大概，然后在常识完备的条件下，了解古书，自然是有益的。若其常识不完具，退化了好几世纪，而还自以为是，那就不免要生今反古，与以耳食无异了。所以我劝青年读书，以先读现在的科学书，而古书且置为缓图为顺序。

我所要告青年的话，暂止于此了。古语说：天道五年一小变，三十年为一大变，所以三十年为一世。这也不是什么天道，不过人事相推相荡，达到一定的期间，自然该有一个变化罢了。民国已经三十年了，希望有一种新气象出来，这新气象，我们不希望其表面化，立刻轰轰烈烈，给大家认识，而只望其植根于青年身上，为他日建功立业之基。

三　论青年的修养和教育问题

事情毕竟是青年做的，还记得我当十余龄时，正是戊戌维新的前后，年少气盛，对于一切事，都是吾欲云云，看得迂拘守旧的老年人，一钱不值了。后来入世渐深，阅历渐多，觉得青年虽然勇锐，却观察多失之浮浅，举动多失之轻率，渐渐不敢赞同。然而从辛亥革命，以至现在，一切事业，毕竟都是青年干出来的。中年以上的人，观察固然较深刻，举动固然较慎重，而其大多数，思想总不免于落伍，只会墨守成规，不肯同情变革，假使全国的人，都像他们的样子，进步不知要迟缓多少？进步一迟缓，环境压迫的力量就更强，现在不知是何现状了？

世间的事物，是无一刻不在变动着的，而人每失之于懒惰，不肯留心观察，懒惰既久，其心思就流于麻木了。外面的情形，业已大变，而吾人还茫然不知，以致应付无一不误。青年的所以可贵，就在他胸无成见，所以对于外界的真相，容易认识，合时的见解，容易接受，虽亦不免错误，而改变也容易。每一时代之中，转旋大局的事情，总是由青年干出来，即由于此。

既如此，青年对于环境，就不可不有真确的认识。如其不然，就和老年人一样了。

朱子说："教学者如扶醉人，扶得东来西又倒。"一人如此，一个社会亦然。任何一种风气，都失之偏重。中国的读书人，向来是迂疏的，不足以应世务，而现在的一切事务，又多非有专门技术不行，因此，遂养成一种重技术而轻学问的风气，多数人认为技术就是学问。

而真正有学问，或从事于学问的人，反而受到人的非笑。其实技术只是依样葫芦，照例应付，外界的情形，已经变动了，而例不可以再照，技术家是不会知道的。譬诸跛盲相助，学问家是跛者，技术家却是盲人，跛人离盲人，固不能行，盲人无跛人，亦将不知所向。而在社会的分工中，做盲人较易，做跛者较难。所以古人重道而轻艺，其见解并没有错。不过后来的所谓道，并不是道，以致以明道自居者，既跛又盲罢了。古人所以分别功狗、功人，现代的人之所以重视领袖，亦是为此。

我并不是教个个人都做领袖，亦不是说只有做领袖的人，方才可贵，构成一所大厦，栋梁与砖石，原是各有其用，而其功绩亦相等的。但是做局部工作的人，对于自己所做的事情，也要通知其原理，而不可如机械般，只会做呆板的工作，则该是现代的文化，所以不同于往昔的。然一看现在社会上的情形，则此种新文化，丝毫未有端倪，而偏重技术，造成一种刻板机械的人的风气且更甚，许多青年，就在此中断送了。古人的错误，不在其重道而轻艺，乃在其误解道的性质，以为过于高深，为一般人所不能解，虽教之亦无益，于是不得不赞同"民可使由之，不可使知之"一类的议论了。其实人的能力，蕴藏而未用，或错用之者甚多，普通的原理，绝非普通的人所不能解，愚笨的人所以多，只是教育的缺陷罢了。

这所谓教育，并非指狭义的学校教育，乃指一般社会的风气和制度。且如现在：（1）既有轻学问而重技术，又或误以为技术即学问的见解。（2）而高居人上的人，大都是志得意满的，甚或骄奢淫逸，只有颐指气使之习，更无作育人才之心，所以只爱护会做机械工作的人。"堂上有悬鼓，我欲击之丞卿怒"，倘使对于所做的事情，有深切的了解，因而对于现状有所不满，而要倡议改革，那反会遭到忌妒和斥怒的。（3）又因生计艰难，年青的人，都急求经济上有以自立，而要在经济上谋自立，则技术易而学问难。或且陷于不可能，舆论的是非，其实只是他本身的利害，于是父诏其子，兄勉其弟，以致宗族交游之所以相策励者，无一非谋食之计而已。（4）及其既得之后，有些人遂不免以此自足，不肯深求，到机械工作做惯了之后，就心思渐流于麻木，要图进取而亦有所不能了。久之，遂至对于环境，毫无认识，虽在年富力强之时，亦与老耄之人无异，此即程子所谓"不学便老而衰"。所以说：现在的社会风气和制度，把许多有为的人葬送了。不但如此，人是离不开趣味的。一个研究学问的人，看似工作艰苦，其实他所做的事情很有趣味，工作即趣味，所以用不到另寻刺激，做机械工作的人，就不然了。终日束缚之驰骋之于勉强不得已之地，闲暇之时，要寻些刺激，以消耗其有余而被压迫着不得宣泄之力，以生心理的要求而论，是很正当的，现代都会之地，淫乐之事必多，即由于此。因为都会就是机械工作聚集之所啊！现代的社会或政治制度，实不可不大加改革，其要点：是（1）无论研究何种学问的人，对于一切学问，都不可不有一个普遍的相当程度的认识，尤其是社会科学。（2）对于其所专治的一门，不可只学技术，而置其原理于不顾。（3）因为如此，所以用人者，不可竭尽其力，当使其仍有余闲，以从事于学问。依我的愚见，不论公务员或其他团体的职员，皆当使其从半日办事，半日求学，办事几年之后，再令其求学几年；其所学，当以更求深造或博涉为主，不可但求技术的熟练，或但加习某种技术。如此，仕与学同时并进，再更迭互进，自然公务员阶级和职员阶级的气象，和现在大不相同。这才是真正的民主教育。凡物散之则觉其少，聚之则觉其多。把现在坐井观天的人，都引而置之井上，使其一见"天似穹庐，笼罩四野"的景象，社会的情形，自然焕然改观了。无论封建主义或资本主义，所要求于大多数人的，总是安分。这所谓分，并不是其人应止之分，只是统治者所指定的分罢了。这时代所谓安分的人，是受人家的命令而安分的，为什么那一块地方是我的分？为什么我要安于此。他自己是茫然不知道的，此乃迷的安分。依我的说法，则是人人明白了全体，从全体中算出自己的分地来的，可谓之智的安分。惟其如此，才能人人各安其分，而不致有争做领袖的事情，这就是民治主义深根固蒂之道。社会制度，是不易一时改革的，青年在今日环境之中，却不可不思所以自处，因为现在正是解人难索的时代呀！

孔子以知、仁、勇为三达德，前篇所言，只说得一个知字，人本不该以知字足，而且知和勇，都是从仁中生出来的。所以古人说："若保赤子，心诚求之，虽不中不远矣。"西哲说："妇人弱也，而为母则强。"孔子说："仁者必有勇。"王阳明说："知而不行，只是未知。"就是这个道理。

如其一个人志只在于丰衣足食，大之则骄奢淫逸，试问这个人，会懂得经济学、财政学否？经济学是替社会打算的，财政学是替国家打算的？志在丰衣足食，或骄奢淫逸的人，对于社会、国家的问题，如何会发生兴趣呢？如此，经济学、财政学所说的，就都是话不投机的了，你如何会读得进去？寻常人总以为人是读了某种书，然后懂得某种道理的，其实人是对于某种道理，先有所懂得，然后对于某种事实，会发生兴趣；然后对于某种书籍，才读得进去的。如其不然，就该同样研究的人，成绩都是同样的了，安有此理？

学问从来没有替个人打算的，总是替公家打算的，替公家打算，就是所谓仁。所以不仁的人，决不能有所成就。你曾见真有学问的人，为自私自利的否？你曾见真有学问的人，而阴险刻薄、凶横霸道的否？这一个问题，世人或亦能悍然应曰：有之。而举某某某某以对。其实此等人并不是真有学问，不过是世俗所捧罢了。世俗所以捧他，则正由世俗之人未知何者谓之学问之故。所以真的学问，和道德决无二致。

德行的厚薄，似乎是生来的，其实不然，古人说彝秉之良，为人所同具，此言决非欺人。其所以或则仅顾一身一家，或则志在治国平天下，全是决之于其所受的教育的。不然，为什么生在私有制度社会中的人，只知利己，生在社会主义社会的人，就想兼利社会呢？我们现在的社会，在原则上，其相视，是如秦人视越人的肥瘠，然而云南南境的猓猡还有保存公产制度的习惯。

他们的耕地，是按人数均分的。我们要加入他们的社会，只要能得到他们的允许，他们便立刻把土地重新分配一下，分一分给我们。而且相率替我们造屋，供给我们居住，这较之我们今日的人情，其厚薄为何如？难道是"天之降才尔殊"么？仁不仁属于先天抑后天，可以不待辨而明了。

我们所处的环境，固然不良，然而我们既受到了较良好的教育，断没有人能禁止我们不自择良好的环境。良好的环境安在呢？

还记得清丁酉年（公元1897年），梁任公先生，在湖南时务学堂当教员，他教学生一种观法。他说："人谁不怕死？死其实不足为奇，你试闭着眼睛想着：有一个炮弹飞来，把你的身子打得粉碎，又或有利刃直刺你的胸腹，洞穿背脊，鲜血淋漓，此时你的感想如何？你初想时，自然觉得害怕，厌恶，不愿意想。想惯了，也就平淡无奇了。操练能改变观念，久而久之，就使实事来临，也不过如此。"读者诸君，这并不是梁先生骗人的话。明末的金正希先生，和人同游黄山，立于悬崖边缘，脚底只有三分之一在山上，三分之二，却空悬在外，同游者为股栗，先生却处之泰然。问他为什么要弄这狡狯以吓人？他说："这并不是弄狡狯，乃所以练习吾心。"他平时有这种功夫，所以后来守徽州时，临大节而不可夺。读者诸君，这并不是金先生独有的功夫，此项方法，乃自佛教中的观法承袭变化而来，宋明儒者是看作家常便饭的。所以这一个时代，气节独盛。他们在当时，虽不能挽回危局，似乎无济于事，然其一股刚正之气，直留诒到现代，大放其光辉。此所谓"城濮之兆，其报在邲"，正如大川之水，伏流千里，迂回曲折，而卒达于海，正不能不谓之成功。

　　读者诸君！这种议论，你们或还以为迂阔，则请你们看看，现在街头巷尾，饿死冻死的，共有若干人，再请你到贫民窟中去看，他们所过的生活是什么样子？是不是所谓非人生活？你再回到繁华的都报中，看看骄奢淫逸的样子，你心中作何感想？你还觉得这些事快乐否？你虽不看见，你总还能耳闻，现在有些地方，你的同胞，受人欺凌践踏，比奴隶牛马还不如，这些人中，或者有你的亲戚朋友，甚而至于父母兄弟妻子在内，你心中作何感想？佛争一炷香，人争一口气，你觉得我们有求一个扬眉吐气的日子的必要否？还是以在目前你能够颐指气使的地方颐指气使为已足？想到此，不但志在丰衣足食，或者骄奢淫逸，是不成气候，就是有一丝一毫功名之念，亦岂复成其为人？读者诸君，人最怕太忙，把性灵都汩没了，不但驰逐于纷华靡丽之场为不可，就是沉溺于故纸堆中，弄得头昏脑涨，把我们该怎样做人的一个问题，反省的功夫，都忙得没有了，也不是一回事。孟子说得好："虽存乎人者，岂无仁义之心哉？其所以放其良心者，亦犹斧斤之于木也，旦旦而伐之，可以为美乎？其日夜之所息，平旦之气，其好恶与人相近几希，则其旦昼之所为，有梏亡之矣，梏之反覆，则其夜气不足以存，夜气不足以存，则其违禽兽也不远矣。"从来非常之才，每出于穷僻瘠苦之乡，而必不生于粉华靡丽之地，就是为此，不可以不猛省啊！

　　本文是原载于1940年《青年月刊》第3卷第1期和1941年4月7日《正言报》的两篇文章的合编，标题为编者所加

我是如何走上史学研究之路的

《堡垒》的编者，嘱我撰文字一篇，略述自己学习历史的经过，以资今日青年的借鉴。我的史学本无足道；加以现在治史的方法，和从前不同，即使把我学习的经过都说出来，亦未必于现在的青年有益。所以我将此题分为两橛，先略述我学习的经过，再略谈现在学习的方法。

一 少时得益于父母师友

我和史学发生关系，还远在八岁的时候。我自能读书颇早，这一年，先母程夫人始取《纲鉴正史约编》，为我讲解。先母无暇时，先姊颁宜（讳永萱）亦曾为我讲解过。约讲至楚汉之际，我说：我自己会看了。于是日读数页。约读至唐初，而从同邑魏少泉（景征）先生读书。先生命我点读《纲鉴易知录》，《约编》就没有再看下去。《易知录》是点读完毕的。十四岁，值戊戌变法之年，此时我已能作应举文字。八股既废，先师族兄少木（讳景栅）命我点读《通鉴辑览》，约半年而毕。当中日战时，我已读过徐继畲的《瀛寰志略》，并翻阅过魏默深的《海国图志》，该两书中均无德意志之名，所以竟不知德国之所在，由今思之，真觉得可笑了；是年，始得邹沅帆的《五洲列国图》，读日本冈本监辅的《万国史记》、蔡尔康所译《泰西新史揽要》、及王韬的《普法战纪》，黄公度的《日本国志》则读而未完：是为我略知世界史之始。明年，出应小试，侥幸入学。先考誉千府君对我说：你以后要多读些书，不该竞竞于文字之末了。我于是又读《通鉴》、毕沅的《续通鉴》和陈克家的《明纪》，此时我读书最勤，读此三书时，一日能尽十四卷，当时茫无所知，不过读过一遍而已。曾以此质诸先辈，先辈说："初读书时，总是如此，读书是要自己读出门径来的，你读过两三千卷书，自然自己觉得有把握，有门径。初读书时，你须记得《曾文正公家书》里的话：'读书如略地，但求其速，勿求其精。'"我谨受其教，读书不求甚解，亦不求其记得，不过读过就算而已。十七岁，始与表兄管达如（联第）相见，达如为吾邑名宿谢钟英先生之弟子，因此得交先生之子利恒（观），间接得闻先生之绪论。先生以考证著名，尤长于地理，然我间接得先生之益的，却不在其考证，而在其论事之深刻。我后来读史，颇能将当世之事，与历史上之事实互勘，而不为表面的记载所囿，其根基实植于此时。至于后来，则读章太炎、严几道两先生的译著，受其启发亦非浅。当世之所以称严先生者为译述，称章先生为经学、为小学、为文学，以吾观之，均不若其议论能力求核实之可贵。

苏常一带读书人家，本有一教子弟读书之法，系于其初能读书时，使其阅《四库全书书目提要》一过，使其知天下（当时之所谓天下）共有学问若干种？每种的源流派别如何？重要的书共有几部？实不啻于读书之前，使其泛览一部学术史，于治学颇有裨益。此项功夫，我在十六七岁时亦做过，经史子三部都读完，惟集部仅读一半。我的学问，所以不至十分固陋，于此亦颇有关系（此项功夫，现在的学生亦仍可做，随意浏览，一暑假中可毕）。

十七岁这一年，又始识同邑丁桂征（同绍）先生。先生之妻为予母之从姊。先生为经学名家，于小学尤精熟，问以一字，随手检出《说文》和《说文》以后的字书，比我们查字典还要快。是时吾乡有一个龙城书院，分课经籍、舆地、天算、词章。我有一天，做了一篇讲经学上的考据文字，拿去请教先生，先生指出我对于经学许多外行之处，因为我略讲经学门径，每劝我读《说文》及注疏。我听了先生的话，乃把《段注说文》阅读一过，又把《十三经注疏》亦阅读一过，后来治古史略知运用材料之法，植基于此。

二　我学习历史的经过

我少时所得于父母师友的，略如上述，然只在技术方面；至于学问宗旨，则反以受漠不相识的康南海先生的影响为最深，而梁任公先生次之。这大约是性情相近之故罢！我的感情是强烈的，而我的见解亦尚通达，所以于两先生的议论，最为投契。我的希望是世界大同，而我亦确信世界大同之可致，这种见解，实植根于髫年读康先生的著作时，至今未变。至于论事，则极服膺梁先生，而康先生的上书记（康先生上书，共有七次：第一至第四书合刻一本，第五、第七，各刻一本，惟第六书未曾刊行），我亦受其影响甚深。当时的风气，是没有现在分门别类的科学的，一切政治上社会上的问题，读书的人都该晓得一个大概，这即是当时的所谓"经济之学"。我的性质亦是喜欢走这一路的，时时翻阅《经世文编》一类的书，苦于掌故源流不甚明白。十八岁，我的姨丈管凌云（讳元善）先生，即达如君之父，和汤蛰仙（寿潜）先生同事，得其书《三通考辑要》，劝我阅读。我读过一两卷，大喜，因又求得《通考》原本，和《辑要》对读，以《辑要》为未足，乃舍《辑要》而读原本。后来又把《通典》和《通考》对读，并读过《通志》的二十略。此于我的史学，亦极有关系。人家都说我治史喜欢讲考据，其实我是喜欢讲政治和社会各问题的，不过现在各种社会科学，都极精深，我都是外行，不敢乱谈，所以只好讲讲考据罢了。

年二十一岁，同邑屠敬山（寄）先生在读书阅报社讲元史，我亦曾往听，先生为元史专家，考据极精细，我后来好谈民族问题，导源于此。

我读正史，始于十五岁时，初取《史记》，照归方评点，用五色笔照录一次，后又向丁桂征先生借得前后《汉书》评本，照录一过。《三国志》则未得评本，仅自己点读一过，都是当作文章读的，于史学无甚裨益。我此时并读《古文辞类纂》和王先谦的《续古文辞类纂》，对于其圈点，相契甚深。我于古文，虽未致力，然亦略知门径，其根基实植于十五岁、十六岁两年读此数书时。所以我觉得要治古典主义文学的人，对于前人良好的圈点，是相需颇殷的。古文评本颇多，然十之八九，大率俗陋，都是从前作八股文字的眼光，天分平常的人，一入其中，即终身不能自拔。如得良好的圈点，用心研究，自可把此等俗见，祛除净尽，这是枝节，现且不谈。四史读过之后，我又读《晋书》《南史》《北史》《新唐书》《新五代史》，亦如其读正续《通鉴》及《明纪》然，仅过目一次而已。听屠先生讲后，始读辽、金、元史，并将其余诸史补读。第一次读遍，系在二十三岁时，正史是最零碎的，匆匆读过，并不能有所得，后来用到时，又不能不重读。人家说我正史读过遍数很多，其实不然，我于四史，《史记》《汉书》《三国志》读得最多，都曾读过四遍，《后汉书》《新唐书》《辽史》《金史》《元史》三遍，其余都只两遍而已。

我治史的好讲考据，受《日知录》《廿二史札记》两部书，和梁任公先生在杂志中发表的论文，影响最深。章太炎先生的文字，于我亦有相当影响；亲炙而受其益的，则为丁桂征、屠敬山两先生。考据并不甚难，当你相当地看过前人之作，而自己读史又要去推求某一事件的真相时，只要你肯下功夫去搜集材料，材料搜集齐全时，排比起来，自然可得一结论。但是对于群书的源流和体例，须有常识。又什么事件，其中是有问题的，值得考据，需要考据，则是由于你的眼光而决定的。眼光一半由于天资，一半亦由于学力。涉猎的书多了，自然读一种书时，容易觉得有问题，所以讲学问，根基总要相当的广阔，而考据成绩的好坏，并不在于考据的本身。最要不得的，是现在学校中普通做论文的方法，随意找一个题目，甚而至于是人家所出的题目。自己对于这个题目，本无兴趣，自亦不知其意义，材料究在何处，亦茫然不知，于是乎请教先生，而先生亦或是一知半解的，好的还会举出几部书名来，差的则不过以类书或近人的著作塞责而已（以类书为线索，原未始不可，若径据类书撰述，就是笑话了）。不该不备，既无特见，亦无体例，聚集抄撮，不过做一次高等的抄胥工作。做出来的论文，既不成其为一物，而做过一次，于研究方法，亦毫无所得，小之则浪费笔墨，大之则误以为所谓学问、所谓著述，就是如此而已，则其贻害之巨，有不忍言者已。此亦是枝节，搁过不谈（此等弊病，非但中国如此，即外国亦然。抗战前上海《大公报》载有周太玄先生的通信，曾极言之）。

三　社会科学是史学的根基

我学习历史的经过，大略如此，现在的人，自无从再走这一条路。史学是说明社会之所以然的，即说明现在的社会，为什么成为这个样子。对于现在社会的成因，既然明白，据以猜测未来，自然可有几分用处了。社会的方面很多，从事于观察的，便是各种社会科学。前人的记载，只是一大堆材料。我们必先知观察之法，然后对于其事，乃觉有意义，所以各种社会科学，实在是史学的根基，尤其是社会学。因为社会是整个的，所以分为各种社会科学，不过因一人的能力有限，分从各方面观察，并非其事各不相干，所以不可不有一个综合的观察。综合的观察，就是社会学了。我尝觉得中学以下的讲授历史，并无多大用处。历史的可贵，并不在于其记得许多事实，而在其能据此事实，以说明社会进化的真相，非中学学生所能；若其结论系由教师授与，则与非授历史何异？所以我颇主张中等学校以下的历史改授社会学，而以历史为注脚，到大学以上，再行讲授历史。此意在战前，曾在《江苏教育》上发表过，未能引起人们的注意。然我总觉得略知社会学的匡廓，该在治史之先。至于各种社会科学，虽非整个的，不足以揽其全，亦不可以忽视。为什么呢？大凡一个读书的人，对于现社会，总是觉得不满足的，尤其是社会科学家，他必先对于现状觉得不满，然后要求改革；要求改革，然后要想法子；要想法子，然后要研究学问。若其对于现状，本不知其为好为坏，因而没有改革的思想，又或明知其不好，而只想在现状之下求个苟安，或者捞摸些好处，因而没有改革的志愿，那还讲做学问干什么？所以对于现状的不满，乃是治学问者，尤其是治社会科学者真正的动机。此等愿望，诚然是社会进步的根源；然欲遂行改革，非徒有热情，便可济事，必须有适当的手段；而这个适当的手段，就是从社会科学里来的。社会的体段太大了，不像一件简单的物事，显豁呈露地摆在我们面前，其中深曲隐蔽之处很多，非经现代的科学家用科学方法，仔细搜罗，我们根本还不知道有这回事，即使觉得有某项问题，亦不会知其症结之所在。因而我们想出来的对治的方法，总像斯宾塞在《群学肄言》里所说的："看见一个铜盘，正面凹了，就想在其反面凸出处打击一下，自以为对症发药，而不知其结果只有更坏。"发行一种货币，没有人肯使用，就想用武力压迫，就是这种见解最浅显的一个例子。其余类此之事还很多，不胜枚举，而亦不必枚举。然则没有科学上的常识，读了历史上一大堆事实的记载，又有何意义呢？不又像我从前读书，只是读过一遍，毫无心得了么？所以治史而能以社会科学为根柢，至少可以比我少花两三年工夫，而早得一些门径。这是现在治史学的第一要义，不可目为迂腐而忽之。

对于社会科学，既有门径，即可进而读史，第一步，宜就近人所著的书，拣几种略读，除本国史外，世界各国的历史，亦须有一个相当的认识；因为现代的历史，真正是世界史了，任何一国的事实，都不能撇开他国而说明。既然要以彼国之事，来说明此国之事，则对于彼国既往之情形，亦非知道大概不可。况且人类社会的状态，总是大同小异的：其异乃由于环境之殊，此如夏葛而冬裘，正因其事实之异，而弥见其原理之同。治社会科学者最怕的是严幾道所说的"国拘"，视自己社会的风俗制度为天经地义，以为只得如此，至少以为如此最好。此正是现在治各种学问的人所应当打破的成见，而广知各国的历史，则正是所以打破此等成见的，何况各国的历史，还可以互相比较呢？

四　职业青年的治学环境

专治外国史，现在的中国，似乎还无此环境。如欲精治中国史，则单读近人的著述，还嫌不够，因为近人的著述，还很少能使人完全满意的，况且读史原宜多觅原料。不过学问的观点，随时而异，昔人所欲知的，未必是今人所欲知，今人所欲知的，自亦未必是昔人所欲知。因此，昔人著述中所提出的，或于我们为无益，而我们所欲知的，昔人或又未尝提及。

居于今日而言历史，其严格的意义，自当用现代的眼光，供给人以现代的知识，否则虽卷帙浩繁，亦只可称为史料而已。中国人每喜以史籍之丰富自夸，其实以今日之眼光衡之，亦只可称为史料丰富。史料丰富，自然能给专门的史学家以用武之地，若用来当历史读，未免有些不经济，而且觉得不适合。但是现在还只有此等书，那也叫没法，我们初读的时候，就不得不多费些功夫。于此，昔人所谓"门径是自己读出来的"，"读书之初，不求精详，只求捷速"，"读书如略地，非如攻城"，仍有相当的价值。

阅读之初，仍宜以编年史为首务，就《通鉴》一类的书中，任择一种，用走马看花之法，匆匆阅读一过。此但所以求知各时代的大势，不必过求精细。做这一步工夫时，最好于历史地理，能够知道一个大概，这一门学问，现在亦尚无适当之书，可取《（读史）方舆纪要》，读其全书的总论和各省各府的总论。读时须取一种历史地图翻看。这一步工夫既做过，宜取《三通考》，读其田赋、钱币、户口、职役、征榷、市籴、土贡、国用、选举、学校、职官、兵、刑十三门。

历史的根柢是社会，单知道攻战相杀的事，是不够的，即政治制度，亦系表面的设施。政令的起原（即何以有此政令），及其结果（即其行与不行，行之而为好为坏），其原因总还在于社会，非了解社会情形，对于一切史事，可说都不能真实了解的。从前的史籍，对于社会情形的记述，大觉阙乏。虽然我们今日，仍可从各方面去搜剔出来，然而这是专门研究的事，在研究之初，不能不略知大概。这在旧时的史籍中，惟有叙述典章制度时，透露得最多。所以这一步工夫，于治史亦殊切要。

此两步工夫都已做过，自己必已有些把握，其余一切史书，可以随意择读了。正史材料，太觉零碎，非已有主见的人，读之实不易得益，所以不必早读。但在既有把握之后读之，则其中可资取材之处正多。正史之所以流传至今，始终被认为正史者，即由其所包者广，他书不能代替之故。但我们之于史事，总只能注意若干门，必不能无所不包。读正史时，若能就我们所愿研究的事情，留意采取，其余则只当走马看花，随读随放过，自不虑其茫无津涯了。

考据的方法，前文业经略说，此中惟古史最难。因为和经、子都有关涉，须略知古书门径，此须别为专篇乃能详论，非此处所能具陈。

学问的门径，所能指出的，不过是第一步。过此以往，就各有各的宗旨，各有各的路径了。我是一个专门读书的人，读书的工夫，或者比一般人多些，然因未得门径，绕掉的圈儿，亦属不少。现在讲门径的书多了，又有各种新兴的科学为辅助，较诸从前，自可事半功倍。况且学问在空间，不在纸上，读书是要知道宇宙间的现象，就是书上所说的事情；而书上所说的事情，也要把它转化成眼前所见的事情。如此，则书本的记载和阅历所得，合同而化，才是真正的学问。昔人所谓"世事洞明皆学问，人情练达即文章"，其中确有至理。知此理，则阅历所及，随处可与所治的学问相发明，正不必兢兢于故纸堆中讨生活了。所以职业青年治学的环境，未必较专门读书的青年为坏，此义尤今日所不可不知。

原载1941年《中美日报》堡垒副刊第160、161、162、163期自学讲座

怎样读中国历史

一　读史与今日之需

幼时读康南海的《桂学答问》，就见他劝人阅读全部正史。去年章太炎在上海各大学教职员联合会演讲，又有这样的话："文化二字，涵义至广，遽数之，不能终其物。方今国步艰难，欲求文化复兴，非从切实方面言之，何能有所成功？历史譬如一国之账籍，为国民者岂可不一披自国之账籍乎？以中国幅员之大，历年之久，不读史书及诸地方志，何能知其梗概？史书文义平易，两三点钟之功，足阅两卷有余，一部二十四史，三千二百三十九卷，日读两卷，一日不脱，四年可了，有志之士，正须以此自勉。"

诚然，中国的正史材料是很丰富的，果能知其梗概，其识见自与常人有异，然康、章二氏之言，究系为旧学略有根底者言之。若其不然，则：

（1）正史除志以外，纪传均以人为单位，此法系沿袭《史记》。此体创自《史记》，实不能为太史公咎，因其时本纪、世家、列传材料各有来路，不能合并，且本纪、世家与列传实亦不甚重复。而后世史事的范围扩大了，一件较大的事，总要牵涉许多人，一事分属诸篇，即已知大要的人，尚甚难于贯穿，何况初学？

（2）即以志论，典章制度，前后相因，正史断代为书，不能穷其因果，即觉难于了解。况且正史又不都有志，那么一种制度，从中间截去一节，更觉难于了解了。所以昔人入手，并不就读正史。关于历代大事，大抵是读编年史的，抑或读纪事本末。至于典章制度，则多读《通考》及《通志》之《二十略》，此法自较读正史为切要。

（3）惟现在读史的眼光和前人不同了。前人所视为重要的事，现在或觉其不甚重要，其所略而不及的事，或者反而渴望知道它。所以现在的需要和前人不同，不但是书的体裁，即编纂方法问题，实亦是书之内容，即其所记载的事实问题。

如此则但就旧日的书而权衡其轻重先后，实不足以应我们今日的需要了。

二 读中国历史的三大门槛

然则学习中国历史，应当怎样进行呢？

现在人的眼光和前人不同之处，根本安在？一言以蔽之，曰：由于前人不知社会之重要。一切事，都是社会上的一种现象。研究学问的人，因为社会上的现象太复杂了，而一个人的精力有限，乃把它分门别类，各人研究一门，如此即成为各种社会科学。为研究的方便，可以分开论，然而实际的社会，则是一个，所以各种现象仍是互相牵连的，实在只是一个社会的各种"相"。非了解各种"相"，固然无从知道整个的社会；而非知道整个的社会，亦无从知道其各种"相"，因而史学遂成为各种社会科学的根柢，而其本身又待各种社会科学之辅助而后明。因为史学有待于各种科学之辅助而后明，史乃有专门、普通之分。专门的历史，专就一种现象的陈迹加以研究；普通的历史，则综合专门家研究所得的结果，以说明一地域、一时代间一定社会的真相。严格言之，专门的历史还当分属于各科学之中，惟普通的历史乃足称为真正之历史。因为史学的对象，便是整个的过去的社会，但是专门的研究不充分，整个社会的情形亦即无从知道。而在今日，各个方面的历史情形实尚多茫昧，因此，专门及特殊问题的研究极为重要，史家的精力耗费于此者不少。

以上所述为现代史学界一般的情形。至于中国历史，则材料虽多，迄未用科学的眼光加以整理，其紊乱而缺乏系统的情形，自较西欧诸国为尤甚。所以（1）删除无用的材料，（2）增补有用的材料，（3）不论什么事情，都要用科学的眼光来加以解释，实为目前的急务。但这是专门研究家所有之事，而在专门研究之先，必须有一点史学上的常识，尤为重要。

研究学问有一点和做工不同。做工的工具，是独立有形之物，在未曾做工以前，可先练习使用。研究学问的工具则不然，它是无形之物，不能由教者具体地授与。对学者虽亦可以略为指点，但只是初步的初步，其余总是学者一面学，一面自己体会领悟而得的。善教的人，不过随机加以指导。所以研究工具的学习，即是学问初步的研究。当然，工具愈良，做出来的成绩固然愈好，亦惟前人所做的成绩愈好，而其给与我们的手段乃愈良。前此的历史书，既然不能尽合现在的需要，我们现在想借此以得研究历史的工具，岂不很困难？然而天下事总是逐渐进步的，我们不能坐待良好的历史书，然后从事于研究，前此的历史书虽明知其不尽合于今日我们的需要，而亦不能不借以为用，所以当我们研究之先，先有对旧日的史部作一鸟瞰之必要。

　　历史书有立定体例、负责编纂的，亦有仅搜集材料以备后人采用的。关于前者，其范围恒较确定，所以驳杂无用的材料较少；在彼划定的范围内，搜辑必较完备，所采用的材料亦必较正确。后者却相反。所以读历史书，宜从负责编纂的书入手。其但搜辑材料以备后人来择用的书，则宜俟我们已有采择的能力，已定采择的宗旨后，才能去读。昔人所视为重要的事项，固然今人未必尽视为重要，然而需要的情况不能全变，其中总仍有我们所视为重要的，即仍为今日所宜读。然则昔时史家所视为最重要的，是什么呢？

　　关于此，我以为最能代表昔时史家的意见的，当推马端临《文献通考序》。他把历史上的重要现象，概括为（1）理乱兴衰；（2）典章经制两端，这确是昔时的正史所负责搜辑的。不过此处所谓正史是指学者所认为正史者而言，不指功令所定。我们今日的需要，固然不尽于此，然这两端，确仍为今日所需要。把此项昔人所认为重要而仍为我们今日所需要的材料，先泛览一过，知其大概，确是治中国历史者很要紧的功夫。

　　但是今日所需要，既不尽同于昔人所需要，则今日所研究，自不能以昔人所认为重要者为限，补充昔人所未备，又是今日治中国历史者很紧要的功夫。

固然研究的工具，是要随着研究而获得的，但是当研究之前，所谓初步的门径，仍不可不略事探讨，这又是一层功夫。

三　读史三法

（一）对旧史要泛滥知其大概

请本此眼光，以论读中国历史书的具体方法：

关于第一个问题，正史暂可缓读。历代理乱兴衰的大要，是应首先知道的。关于此，可读《资治通鉴》《续通鉴》（毕沅所编）、《明纪》或《明通鉴》。此类编年史，最便于了解各时代的大势。如虑其不能贯串，则将各种纪事本末置于手头，随时检查亦可。但自《宋史纪事本末》以下，并非据《续通鉴》等所作，不能尽相符合而已。清代之史，可姑一读萧一山《清朝通史》，此书亦未出全，可再以近人所编中国近世史、近百年史等读之。典章经制，可选读《文献通考》中下列十三门：（1）田赋，（2）钱币，（3）户口，（4）职役，（5）征榷，（6）市籴，（7）土贡，（8）国用，（9）选举，（10）学校，（11）职官，（12）兵，（13）刑。如能将《续通考》、《清通考》、刘锦藻《续清通考》，均按此门类读完一遍最好。如其不然，则但读《通考》，知道前代典章经制重要的门类，然后随时求之亦可。此类史实，虽然所记的多属政事，然而社会的情形，可因此而考见的颇多。只要有眼光，随处可以悟入。若性喜研究这一类史实的人，则《通志·二十略》除六书、七音、草木、昆虫、氏族为其所自创，为前此正史之表及《通典》《通考》所无外，余皆互相出入，亦可一览，以资互证。

历史地理，自然该知道大略。此事在今日，其适用仍无逾于清初顾祖禹的《读史方舆纪要》的。此书初学，亦可不必全读。但读其历代州郡沿革，且可以商务《历代疆域形势一览图》对读。此图后附之说，亦系抄撮顾书而成，次读其各省各府之总论，各县可暂缓。

历代的理乱兴衰，以及典章经制，昔人所认为最重要的，既已通知大略，在专研历史的人，即可进读正史。因为正史所记，亦以此两类事为最多。先已通知大略，就不怕其零碎而觉得茫无头绪了。

正史卷帙太繁，又无系统，非专门治史的人，依我说，不读也罢。但四史是例外。此四书关涉的范围极广，并非专门治史的人才有用，读了决不冤枉。至于专门治史的人，则其不可不读，更无待于言了。工具以愈练习使用而愈精良。初读正史之时，原只能算是练习。四史者，正史中为用最广，且文字优美，读之极饶兴趣，又系古书，整理起来，比后世的书略难，借此以为运用工具的练习，亦无不可的。

既读四史之后，专治国史的人，即可以进读全史。全史卷帙浩繁，不可望而生畏，卷帙浩繁是不足惧的，倒是太简的书不易读。只要我们有读法，读法如何，在乎快，像略地一般，先看一个大略。这是曾涤生读书之法。专门治史的人，正史最好能读两遍，如其不然，则将《宋书》《齐书》《梁书》《陈书》《魏书》《北齐书》《北周书》和《南史》《北史》分为两组；《新唐书》《旧唐书》《新五代史》《旧五代史》亦分成两组，第一遍只读一组亦可。《宋书》《齐书》《梁书》《陈书》《魏书》《北齐书》《北周书》和《南史》《北史》大体重复，《新唐书》《旧唐书》《新五代史》《旧五代史》实在大不相同。正史包含的材料太多，断不能各方面都精究，总只能取其所欲看。看第一遍的时候，最好将自己所要研究的用笔圈识；读第二遍时再行校补。如此读至两遍，于专治国史的人受用无穷。

正史的纪传太零碎了，志则较有条理。喜欢研究典章经制的人，先把志读得较熟，再看纪传，亦是一法。因为于其事实，大体先已明了，零碎有关涉的材料自然容易看见了。陈言夏的读史即用此法。

正史中无用的材料诚然很多，读时却不可跳过，因为有用无用，因各人的见解而不同。学问上的发明，正从人所不经意之处悟入，读书所以忌读节本。况且看似无用，其中仍包含有用的材料，或易一方面言之，即为有用。如《五行志》专记怪异，似乎研究自然科学如天文、地质、生物、生理等人才有用，然而五行灾异亦是一种学说，要明白学术宗教大要的人，岂能不读？又如《律历志》似更非常人所能解，然而度量衡的制度，古代纪年的推算，都在《汉书·律历志》中；而如《明史·历志》则包含西学输入的事实，亦岂可以不读？近来所出的正史选本，我真莫明其是据何标准，又有人说，正史可以依类刊行，如《食货志》归《食货志》，《四裔传》归《四夷传》之类，经人辩驳之后，则又说可将各类材料辑成类编，那更言之太容易了。

（二）以经、子证史，补充昔人所未备

关于第二个问题，昔时史部的书不能专恃，必借他部或近来新出之书补正的，莫如古史和四裔两门。

古史的初期本与史前时代衔接，这时候本无正确的历史，只有荒渺的传说，非有现代科学的知识，断乎无从整理，所以宜先读社会科学的书。如林惠祥的《文化人类学》、陶孟和所译《社会进化史》似颇适用。古史较晚的材料，多存于经、子中。经、子虽卷帙无多，然解释颇难，合后人注疏考订之书观之，则卷帙并不算少，且颇沉闷。而且经学又有今文、古文等派别，《书经》又有《伪古文》，如不通晓，则触处都成错误，所以因治古史而取材于经、子，对经、子的本身，仍有通晓其源流派别之必要。关于此，拙撰《经子解题》，入手时似可备一览。

为治古史而读经、子，第一步宜看陈立《白虎通义疏证》、陈寿祺《五经异义疏证》。前者是今文家经说的结晶，而亦是古史的志。后者则今古文两家重要的异点已具于是。读此之后，再细读《礼记·王制》一篇和《周官》全部的注疏，则于今古文派别已能通晓，古代的典章经制亦可知其大要，并古代的社会情形亦可推知其大概了。

大抵古代学问，多由口耳相传，故其立说之异同，多由学派之歧异，往往众说纷歧，实可按其派别分为若干组。若能如此，则残缺不全之说，得同派之相证而益明，而异派立说之不同，亦因此而易于折衷去取。

派别之异，最显而易见的，为汉代之古今文经说，然其说实导自先秦，故此法不但可以治汉人的经说，并可以之治经之正文，不但可以治经，并可推之以治子。分别今古文之法，以廖季平先生为最后而最精，其弟子蒙文通乃推之以治古史，其所撰《经学抉原》《古史甄微》两种必须一览。其结论之可取与否，是另一问题，其方法则是治古史的人必须采取的。

编纂周以前历史的人，自古即很多，但于今多佚。现存的书，以宋罗泌的《路史》所包含的材料为最富，刘恕的《通鉴外纪》亦称精详。清代马骕的《绎史》亦称详备，可备翻检而助贯串。因其书系用纪事本末体。

外国有自己的历史。从前中国和他们的交通不甚密切，所传不免缺漏错误，此等在今日，不能不用他们自己的记载来补正，无待于言。亦有并无历史，即靠中国历史中的资料以构成他们的历史的，其中又有两种：一种是他们全无正式史籍的，如北族的大多数和南洋诸国是；另一种是虽有而不足信，反不如中国所存的材料的，如朝鲜、日本、越南的古史是。此一部分中国历史实为世界之瑰宝，其材料虽旧，而研究的方法则新——不用新方法，简直可以全无所得。这方面现代人的著作，也不可以不读，此等著作以外国人的为多，这是因为设备和辅助的科学，外国的研究家所掌握的较为完全之故。近多有译本，其目不能备举，可自求而读之。

关于学术史。昔时专著颇乏，可以学案补之。宋、元、明学案，大略完备。如尚嫌零碎沉闷，拙撰《理学纲要》亦可备一览。清代则有江藩《汉学师承记》和梁启超《清代学术概论》。

玄学史无佳者，近人所撰哲学史于此都嫌其略。经学史则皮锡瑞《经学历史》颇为简要。佛学另系专门，如以史学眼光读之，则欧阳瀚存所译《原始佛教思想论》、蒋维乔《中国佛教史》、吕澄《印度佛教史略》《西藏佛学原论》，似可依次一览。先秦学术，近人著作甚多，但只可供参证，其要还在自读原书。

（三）研究方法要现代化

关于第三个问题，读史的方法，亦宜参考现代人的著述。现代史学的意义，既和前代不同，研究的方法当然随之而异。生于现代，还抱着从前的旧见解，就真是开倒车了。论现代史学和史学研究法的书，亦以商务所出为最多，其中强半是译本；自著的亦多系介绍外人之说。惟梁启超《中国历史研究法》及《补编》系自出心裁之作，对于史学的意义，自不如外国史学家得科学的辅助者之晶莹，而论具体的方法则较为亲切。商务所出论史学及历史研究法之书，大致都可看得，不再列举其名，其中《历史教学法》一种（美国约翰生·亨利著，何炳松译），虽编入现代教学名著中，却于初学历史之人很有裨益，因其言之甚为详明，所以特为介绍。中国论史学的学问，当推刘知幾的《史通》、章学诚的《文史通义》。前书大体承认昔人作史之体裁，但于其不精密处加以矫正，读此对于昔人评论史裁之言，可以易于了解，且可知自唐以前史学的大概情形及唐代史学家的意见。章氏书则根本怀疑昔人的史裁，想要另行创造，其思想颇与现在的新史学接近。其思力之沉骘，实在很可钦佩。这是中国史学史上很值得大书特书的事情。关于此两部书，我很想用现代史学的眼光加以批评比较，再追溯到作者的时代，而解释其思想之所由来。前者已成，名《史通评》，现由商务印行。后者尚未着手，然亦很想在最近把它完成。

研究的方法必须试行之后，方能真知。抽象的理论，言者虽属谆谆，听者终属隔膜，无已，则看前人所制成的作品，反而觉得亲切。昔人诗："鸳鸯绣出凭君看，不把金针度与人。"又有替他下转语的说："金针线迹分明在，但把鸳鸯仔细看。"这两句诗也真觉亲切而有味。此项作品，我以为最好的有两部：（1）顾亭林（炎武）的《日知录》卷八之十三。（2）赵瓯北（翼）之《廿二史札记》。前者贯串群书，并及于身所经验的事实。后者专就正史之中提要钩玄组织之，以发明湮晦的事实的真相，都为现在治史学的好模范。

于此还有一言。目录之书，旧时亦隶史部。此类之书，似乎除专治目录学者外，只备检查，无从阅读。尤其是初学之人无从阅读。但是旧时读书有一种教法，学童在读书之初，先令其将《四库书目提要》阅读一过，使其于学术全体作一鸟瞰，此项功夫我小时尚做过，但集部未能看完。自信不为无益。《四库书目提要》固然不足尽今日之学术，但于旧学的大概究尚能得十之八九，而此书亦并不难读，如能泛览一过，亦很有益的。

以上所论，都系极浅近之语，真所谓门径之门径，阶梯之阶梯。在方家看来，自然不值一笑，然而我以为指示初学的人，不患其浅，但患其陋耳，若因其言之浅，恐人笑其陋而不敢说，则未免拘于门面矣。我的立说虽浅，自信初学的人，或可具体应用。大抵浅而不陋之言，虽浅亦非略有工夫不能道，若乃实无功夫，却要自顾门面，抄了一大篇书目，说了许多不着边际的话，看似殚见洽闻，门径高雅，而实则令人无从下手，此等习气则吾知免矣。

四　研究历史的感想

我对于历史，从小就很喜欢，读了很多年，觉得有几种感想：中国史的材料，非常繁琐，中国旧书分经、史、子、集，汗牛充栋，单看一种，已经需要很多的时间；若没有正确的科学方法，实难希望有所成就。现在的观点，是与从前不同，史部中许多材料，在过去是必需的，现在已觉得没有多大意义，一方面撷精撮华地删去繁芜，一方面又加入其他的实物如金文、甲骨之类的史料，精确性已较从前增加，不过这种工作仍然太繁，个人精力有限，所以有人主张每人研究一门，或每门中的一件事，结果当然比较有成绩，加以科学的帮助，研究方法比从前进步，所以古代不明白的，现在已弄得很清楚了。

专门史研究的结果，只有一小部分的事迹，是非常精确的。然而这种专门研究，常把事物孤立起来了，不能把许多事物相互关连起来。历史的价值，在于了解普通的现象，仅知道某一时代的某一事情，或某一事发展的纵的经过，而把它脱离当时的社会背景，那是毫无意义的。我们应该明白当时社会的各方面，例如我们住在上海已多年了，对于上海的了解，不能用某一事份来代表全体，须知道上海社会的各方面，像各界的生活状况、工商业的现象、外国人的势力等等，如你仅知道某一方面，这仍旧不能算是已了解上海的。研究历史也是一样，仅仅专门研究一方面，那是不够的，必须还要注意到各方面的历史事迹的发展。

现在有人以为研究一门也不容易得到很好的成绩，况且近代于历史的研究，尚不大发达，所以有人主张等到各种专门问题研究已有结果了，再把它综合起来。可是这也仅可作是一种理由，我们能不能等这样一个时代，这是绝大的问题。世界上有许多事，是不能有所谓"等一等"。好像住房子，我们不能因好的没有造成，暂时等一年半年，这是不可能的。在新房子未完工前，简陋一黏的茅草屋，也是必要的。研究历史也是这样。我们要研究一个专门问题，须先了解全体的现象，明了整个的情形，也就是须先具有普遍的历史知识，然后对于各个问题的相互关系，方才有法子了解，否则仍是没有方法研究。

我们想要知道历史普通的事实，也是一件难事，中国史书这样的多，不知道从何读起。研究的人，往往因见解不同，取材的标准，自然有很大的差异。清代以前的人，对于材料的选择，只知道模仿古代。因此形成一种填表式的情形。所以中国虽有许多历史书，仍是非常杂乱，没有系统，阅读的人，仍苦得不到一个概念。于是现在有许多人专门提出研究方法。如果专门讨论这个问题，对于研究历史只是在第一步有相当帮助，实际心得的获得，尚须各人的努力如何。我们仅记着历史上零碎片段的事实，最多成为一个书橱。况且我们人总要死的，用这种方法研究历史，也不很对。古人说读书好像串铜钱，片段的知识，即如一个个的散钱，欲想知识弄得有条理，须用绳将所有铜钱串起来。可是绳总有方法向人家求得，而整理知识的方法，就很难求得，每个人用了绝大的精力时间，才有相当的把握。这种把握就是读历史的见解。我们现在不能用中小学的读历史方法来研究的，那时因所读的教科书很单纯，自然不会感到困难，我们现在要读的太多，如果各人不自用一种标准去评量，简直无从读起。不过这种标准尽可因各人不同，甲认为有意义的，乙未必附议，总之我们自己总得有个主意。

古人对于这问题，有人主张读几门，有人主张专一门。不过这种见解，他们自己至少对于历史已有相当的程度，假使自己对于历史毫无概念，将如何去研究呢？将怎样去读书呢？如果有人说这个问题别人不能代为解决，须得自己去想法，这实在也对不起所问的人，总应该有一个比较圆满或勉强可以帮助别人的方法，于是有人从历史的应用问题去做标准。但是历史究竟有什么用处？古人说是"前车之鉴"，使你现在所做的事情，有一个努力的方向，可是仔细想一想，也不很对，世界上除了极愚笨的人以外，绝没有死板地模仿古人的，因社会的现象时时刻刻在那里改变，世界上绝无二件完全相同的事，也没有重演的历史，所以说历史是"前车之鉴"也是错误的。

有人以为人在社会上做事，好像演员在舞台上做戏。当然，演员与舞台有密切的关系。许多人批评中国旧剧在未做前大打锣鼓，震耳欲聋，太不合理；他们不了解中国戏从前是在乡下做的，地旷人众，不买票，完全是为公众的娱乐，要使别人知道什么地方演戏，自然非敲锣打鼓不可，把这种情形拿到上海舞台上来，自然是不适当了。我们人做事也是这样，历史上汉代韩信用"背水阵"，结果打退了敌人，若照兵法上说，这实在是很大的问题，他告诉别人用这种方法的原因：因为军队都是乌合之众，并不能真心为己作战，所以只好"驱市人而战之"，把他们置诸死地而后生。可是明朝平倭寇的大将戚继光在他的《练兵纪实》中，不主驱市人而战，行险徼幸；却主苦心操演，后来才成精兵，抵御倭寇，边境粗安。他们二人结果虽都告成功，可是所用的方法完全不同，这原因由于他们所处的社会根本不同。韩信的时代，人民皆兵，自然可以"驱市人而战之"；戚继光的时候，边兵多为专家，假使不训练人民，叫他们怎样去打仗呢？所以他们研究历史的事迹，须了解当时的社会现象，离开了社会，往往会使许多事实毫无意义，并且无解决。

我们对于社会的特殊事情，像共产党与国民党的关系，中国与日本的关系，现在的了解，常不及将来的人明白，可是一般的社会事情，以当时的人了解得最清楚。况且历史上的现象，都是大同小异的，如中国的教徒为吃饭，西洋的教徒也为吃饭，但他们的人生观绝不相同。我们研究历史的注意点，就是要发现他的小异，如从前没有摩托车、梅毒、天痘，从前的外交家为什么不会用现在的方法，就是因社会的景象完全改变了，我们研究历史就应该注意这方面，所谓"得闲而入"就是这个意思。我们应该要处处留意二个问题的小异，这才是正确的方法。

本文是原载于1935年4月《出版周刊》第102期和1937年4月《新史地》的两篇文章的合编，标题为编者所加

学会了解中国的史籍

　　书是没有一部无用的，只看我们怎样用它，所以要分别什么是有用的书，什么是无用的书；什么书重要，什么书不重要——在理论上，这句话不算十分圆满，但是就研究的步骤上说，自然也有个先后缓急，若能把应看的书，说出个大略，并且说出一个大概的先后缓急，我想于治学的人，亦不无小补的。

一　史部的分类与重新估价

　　我国史部的书籍，约分两种：

　　（1）编纂：已编成的历史书籍。

　　（2）搜集：保存历史材料之书籍。

　　第一种书籍，因为有范围之限制，在此范围内，事实的调查、材料的搜集，不特完善，并且较为正确。

　　第二种书籍，没有一定范围，对于材料不加选择，对于某种事实之记载，亦可记其一瞥，亦可详详细细记其全体，首尾具备，而全不负编辑的责任，不过将这种历史的事实记载下来，专待后来研究历史的人，把它整理出来。

这两种书籍，第一种比较地有系统，我们看了以后，容易得到历史上普遍的知识，所以看历史的书籍，应当从第一种书籍下手，以后再读第二种书籍。我国历史往往记载一种太没有意义的事实，就像"邻家昨夜生一猫"……相关的话，这种记载，实在没有一目之价值。

我国闭关时代，历史上对于外国史实的记载，视为无价值，不大乐意记载。如匈奴辽金等，在我国过去历史家的眼中，比较地还重要一点。但是这类事实，在今日视之，却是重要得了不得。历史（上）这类事实，可是不胜枚举的。所以历史上的事实没有绝对的价值的存在，要历史家用时代的眼光去鉴别它有没有价值。

我们现在的学术界，是处在什么样的时代呢？是处在无论哪一件事情，都要重新估定其价值的时代。所以我们研究历史，不论第一种第二种，都可以拿它当作史材。不管它是古代曾经重视的而现在不重视的，或者是古代轻视的而现代重视的，都该不分高低一律平等看待。待搜集齐全了，再经过我们的整理，然后重新去估定其价值。

二　正史的重要性：全面和直接

第一种的书籍就是正史，从来大家都拿它看作顶重要的，这内边有两个重要的原因：

（一）正史记载比较完全

宇宙间的事实，到底哪一些是有价值记载的呢？非常繁杂的史事，到底哪一部分应当入于历史的范围呢？马端临的话，最可代表中国旧人的意见，他把历史的事实，分作两种：

（1）治乱兴亡：本纪、列传、表

（2）典章制度：志（书）、表

这个分类很足以代表我国历史家研究古史者的心理，而正史对于这两类，都有相当的记载。例如《通鉴》《通考》等书，不是注重治乱兴亡，就是注重典章制度，所以正史是史书中最完全的。

（二）正史是直接的材料

我国每代灭亡之后，后代才修前代的正史，所用的体裁大半都是历代相缘的。正史修成以后，其余如纪事本末、通典、通志等都是依据着正史而编纂的（例外很少）。故吾人读正史是直接的，其余的史是间接的。但正史记载虽较完全，而在研究上却不甚便，治乱兴亡是散见于本纪、列传的，典章制度只限于一代。前者固极不便于阅览，后者以典章制度，都是历代相缘，只读一代，亦难了解。故以先读编年、纪事本末、通考为便。

三　正史的由来和前四史

现在要讲正史的历史。正史之名，起于宋时，所定者共一十七史（《史记》《汉书》《后汉书》《三国志》《晋书》《宋书》《南齐书》《梁书》《陈书》《后魏书》《北齐书》《周书》《隋书》《南史》《北史》《新唐书》《新五代史》）。至明时增定《宋史》《辽史》《金史》《元史》四种，合称二十一史。至清乾隆四年《明史》修成，合为二十二史，又诏增《旧唐书》《旧五代史》，共为二十四史。及至民国奉徐总统命令，柯劭忞《新元史》与旧《元史》并行，遂共为二十五史。

正史之中，以四史为最要。吾人读史，固当先读编年，后读正史，而四史则须先看。因为四史历代研究的人很多，并且以后的正史，多半都是因袭四史，所以四史差不多是后世历史的渊源，成了治史的常识和最普通的学问。故我们看史，当以四史为先，但是看史还有一个最要注意的事情，就是看注释。这差不多成了看古书的定律，不特看史要这样。这类古注很有用处，并且也可以拿来作编史的材料，《史记》的《集解》，《汉书》的颜师古《注》，《三国志》的裴松之《注》，其材料都很有价值。

四　正史的注释、补和重修

研究正史很可作补助的，有下列几种：

注释：如王先谦的《汉书补注》、杭世骏的《三国志补注》。至于补一部分的，则有徐松的《汉书·西域传补注》等。

补：以表和志内表为最多，至于本纪、列传则比较的少。

重修：如并行之新、旧《唐书》，新、旧《元史》，新、旧《五代史》。其余如周余绪的《晋略》，郝经的《续汉书》等，除已失亡者不算，现在还保存的，尚有一二十种。

我们现在研究历史，当以材料丰富为贵，正确为贵。假若有两部一样的书，可以看时间较早的，因为直接的材料总比间接的好一点，两部书不同，则必须都看。重修之书，除并行者外，后者异于前者的，若不过是无甚意义之体裁，而材料则多照前书，还是可以废之不看。

　　补，就是补史书上不够之处；注，就是解释正史上不大明白的地方。这两种，清以前也有，但不如清时的多和精。怎么说呢？因为清代考证之学特盛，并且也非常精确，一件事，前人已有之说，差不多都被他们网罗殆尽。故我们看注，最经济的是先看清人的。关于这类书籍，择其要者，分列于下（参看梁任公所著《清代学术概论》十四节）：

　　（1）关于历代者：赵翼《廿二史札记》、王鸣盛《十七史商榷》、钱大昕《二十二史考异》、洪颐煊《诸史考异》。

　　（2）专考证一史者：惠栋《后汉书补注》，梁章钜《三国志旁证》，梁玉绳《史记志疑》《汉书人表考》，钱大昭《汉书辨疑》《后汉书辨疑》《续汉书辨疑》，周寿昌《汉书注校补》《后汉书注补正》，杭世骏《三国志补注》。

　　（3）关于表志的专书：万斯同《历代史表》，洪饴孙《三国职官表》，顾栋高《春秋大事表》，齐召南《历代帝王年表》，钱大昭《后汉书补表》，钱大昕《元史民族表》，周嘉猷《南北史表》《三国纪年表》《五代纪年表》，林春溥《竹柏山房十五种》《历代职官表》（官修），洪亮吉《三国疆域志》《东晋疆域志》《十六国疆域志》，洪齮孙《补梁疆域志》，钱仪吉《补晋兵志》，侯康《补三国艺文志》，顾怀三《补五代史·艺文志》，倪灿《宋史·艺文志补》《补辽金元三史·艺文志》，钱大昕《补元史·艺文志》，郝懿行《补宋书·刑法志·食货志》。

　　（4）关于古代别史杂史的考证笺注者：陈逢衡《逸周书补

注》，朱右曾《周书集训校释》，丁宗洛《逸周书官笺》，洪亮吉《国语注疏》，顾广圻《国语札记》《战国策札记》，程恩泽《国策地名考》，郝懿行《山海经笺疏》，陈逢衡《竹书纪年集证》。

（5）关于元史者：何秋涛《元圣武亲征录校正》、李文田《元秘史注》。

五　治乱兴亡和典章制度

正史之记载注重"治乱兴亡"和"典章制度"两方面，除此而外，亦有专注重一方面者，今分叙于下：

（一）专叙"治乱兴亡"方面者

关于这种著述的书籍，又分两种：

（1）编年史。以年为经，以事为纬，我们看了以后，可以了解每一个史迹的时代关系。这类书籍，又分两种：a.司马光《通鉴》，b.朱熹《纲目》，后人皆有续之者。这两种书籍，前者比较好，因为朱熹著述的动机是模仿孔子的《春秋》，纯粹是寓褒贬的意思。所以每叙一个事实，都用一种特定的书法。比如某官某人卒，是叙好官某某死了。某人卒，是叙坏人某死了。某官某罢，是叙一个人不配作这个官，政府不是乱命。罢某官某，是叙一个人配作这个官，政府罢之是乱命。伏诛，是叙一个人应该死。杀，是叙一个人不应该死。

朱子治学，颇为谨严。但此书朱子不过成其一部，以其余委之于赵师渊，赵之治学，不大谨严。若我们讲宋学，以朱子为圣人，则此书可看，反此，则其书不见精好。《续纲目》之作者，为明人商辂，三篇为乾隆所敕修。

明时有李东阳者，著《通鉴纂要》，专供皇帝之用，清因之作御批《通鉴辑览》，因应科举的原故，加之人人功名心切，所以一时大盛行于社会。现在时过境迁，其价值已失矣。

《通鉴》可看，最好连胡三省的《注》都看，续这种著作的，明有三家：陈桱、王宗沐、薛应旗。这三人的著作，以薛为最后，也以薛为最好。

清时徐乾学著《资治通鉴后编》，清尚专为彼设一书局，但所著材料不特不完全，组织也不严密，后毕沅也有《续资治通鉴》之著，二者相较，以毕著为好。《续通鉴》止于元代，至于明，有《明纪》及《明通鉴》，二者相较，以《明通鉴》内容为好。大约这类书籍，后出者总比先出者为佳也。

（2）纪事本末。这种史体与编年史相反，以事为经，以时为纬，我们看了以后，可以洞悉历史上一个事实的首尾，容易得到因果的关系。此类著作，创自袁枢，后继之者，代不乏人，今列其重要者于下：袁枢《通鉴纪事本末》（止于五代），高士奇《左传纪事本末》，马骕《左传事纬》，明陈邦瞻《宋史纪事本末》《元史纪事本末》（无大价值），清谷应泰《明史纪事本末》（此书很有价值，因其成在正史之前，并非据正史而成者，吾人阅之，为直接材料），张鉴《西夏纪事本末》（很有价值）。

（二）专叙"典章制度"方面者

（1）三通：关于这一方面的著述，尚分多种，而以三通为著。唐杜佑《通典》，《续通典》《皇朝通典》；宋郑樵《通志》，《续通志》《皇朝通志》；元马端临《通考》，《续通考》《皇朝通考》；《续皇朝通考》题刘锦藻，实仍寿潜所撰。

《通志》惟二十略为有价值，其余与正史同。《通典》，关于礼可贵之材料甚多，余不如《通考》。《通考》，乃继《通典》而作者，因马端临谓杜佑分类不善，乃另自编辑之，二者相较，以《通考》为良，关于汉宋两朝尤好，前者有特别考证，后者材料较《宋史》为多，且当较精确。部分材料《通典》有而《通考》无，实因马端临认为其对于历史无大价值，故删去之。但此等眼光，至今尤不失其为是也。

（2）会要：叙国家制度之书也。今将其重要的著作，列之于下：王溥《唐会要》《五代会要》（很有价值，因所记俱正史所无者），徐天麟《东汉会要》《西汉会要》（很有价值），其余还有《六朝会要》《中兴会要》《国朝会要》等。

（3）会典：历叙国家有多少机关，又每一机关所职何事。关于历代政治之述叙，以此类书为最完备，略似今之行政法。其重要著作，有《唐六典》《明会典》《清会典》《清会典事例》。

（4）礼仪：其重要著作，有《唐开元礼》《政和五礼》《新仪》《大金集礼》《明集礼》《大清通礼》。

（5）律例：国家制定之法律，律者乃每代相因袭而不敢变，率多千百年前之旧，且多不适于用。所重者在例，故律例相冲突者从例，吾人看律必须兼看例，以律虽尊而不甚切于事。其重要者有：《唐律疏义》《大清律例》。

以上所述今再撮其要，立表于下：

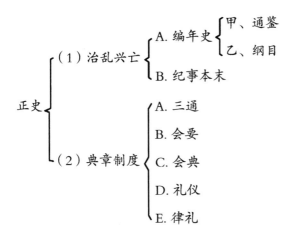

正史
(1) 治乱兴亡
　A. 编年史
　　甲、通鉴
　　乙、纲目
　B. 纪事本末
(2) 典章制度
　A. 三通
　B. 会要
　C. 会典
　D. 礼仪
　E. 律礼

六　关于别史

除上所叙以外，关于研究古史，则并无纯粹史书之作，仅杂叙于经、子之中，称之曰别史、杂史，因时间关系，暂置不讲。许多别史，为研究某一事所必需者，如《奉天录》，记唐代一藩镇叛乱时之情形。关于建文逊国之事，明人此类著作，凡数十种。《辍耕录》为研究元代典章制度所必需者。《啸亭杂录》则为研究清代典章制度所必需者。

其可参考一代之事者，如：

有关汉代的，有荀悦《汉纪》《东观汉纪》。

有关唐代的，有《大唐创业起居注》（记唐代开国时之情形，材料出于唐正史之外）、《贞观政要》、《顺宗实录》、《东观政要》（记宣宗时事）。

关于五代史者：王禹偁《五代史阙文》、陶岳《五代史补》、马令《南唐书》、陆游《南唐书》《吴越备史》（载记）。

关于宋代者：李焘《续通鉴长编》（陈均九《备要》为此书删本），此书系编年体，共五百余卷，止于北宋。关于南宋者：李心传《建炎以来系年要录》、徐梦莘《三朝北盟会编》、王称《东都事略》。

关于辽史者：叶隆礼《契丹国志》（因辽史缺乏，故此书颇可贵）。

关于金史者：宇文懋昭《大金国志》。

关于元史者：《蒙古秘史》（永乐大典本）、《皇元圣武亲征录》、《蒙古源流考》、洪钧《元史译文证补》、屠寄《蒙兀儿史记》（未成，共刻十二本）。

关于明史者：王鸿绪《明史》。

以上诸书，差不多皆正史之渊源。

关于外国史者：范成大《桂海虞衡志》，周去非《岭外代答》（记南方情形者），释法显《佛国记》，玄奘《大唐西域记》（记唐时西域印度方面之情形者），马欢《瀛涯胜览》，巩珍《西洋番国志》（记明时南洋方面之情形者），顾应祥《南诏事略》《小方壶斋舆地丛钞》（记载关于外国之情形者）。

七　国史简单参考书目

诸位同学索国史简单参考书目，兹将上次程国屏君所记大略改正，请一传观：

正史先读四史。

编年史读《通鉴》、《续通鉴》、毕沅《明通鉴》（或《明纪》）。

纪事本末。读编年史，自觉大事已能贯通，则此可暂缓；否则再读通鉴，他种可暂缓。

《通志》但读二十略。

《通考》择有用之门类读之。

古史可但读《绎史》。

历史地理但读《读史方舆纪要》。李氏《历代地理韵编》可供查检。

如此每日能读三小时，不间断三年，上列之书可毕也。再进而求之，自己亦略有门径矣。关于清代之参考书，近日上课时已讲及，不赘。

近今所出教科书，夏曾佑《中国历史》三本，有见处而论颇偏，陈庆年所编事实较详，中华书局《中学中国历史参考书》同。国学保存会《中国历史教科书》仅出两册，然讲古史有法，可供参考。

谢无量《佛学大纲》《朱子学派》《阳明学派》《中国大文学史》亦尚可看。皮锡瑞《经学史讲义》大致好。此外一时亦想不起矣。

选自1922年作者在沈阳高等师范学校的讲演稿，原载1922年《沈阳高等师范学校周刊》

读旧史入手的方法

我这一次的讲演，初意拟以实用为主，卑之无甚高论的；然一讲起来，仍有许多涉及专门的话。这实缘不读旧史则已，既欲读旧史，则其性质如此，天下事不讲明其性质，是无从想出应付的方法来的，所以不得不如此。"行远自迩，登高自卑"，讲到入手的方法，我们就不能不从最浅近、最简易的地方着眼了。

一　初学之书不在多

大抵指示初学门径之书，愈浅近、愈简易愈好，惟不可流于陋耳。陋非少之谓，则不陋非多之谓。世惟不学之人，喜撑门面，乃胪列书名，以多为贵，然终不能掩其陋也。当一九二三、一九二四年时，胡适之在北京，曾拟一《最低限度的国学书目》，胪列书名多种，然多非初学所可阅读；甚至有虽学者亦未必阅读，仅备检查者。一望而知为自己未曾读过书，硬撑门面之作。梁任公评之云"四史""三通"等，中国的大学问都在此中，这书目一部没有；却有《九命奇冤》。老实说，《九命奇冤》，我就是没有读过的。我固然深知我学问的浅陋，然说我连最低限度都没有，我却不服。（因原载此评的杂志已毁，无原文可以查检，语句不尽相符，然大致必不误）真可发一噱。任公亦自拟一通，就好得多。

二　读旧史入手处

旧时史部之书，已觉其浩如烟海；而如前文所述，欲治史者，所读的书，还不能限于史部；而且并没有一个界限，竟把经、子、集三部的书都拉来了。这更使人何从下手呢？且慢，听我道来。

欲治史者，所读的书，因不能限于史部，然仍宜从史部为始；而且在史部之中，要拣出极少数、极紧要的书来。

此事从何着手？

（一）当知旧史之重在理乱兴衰和典章经制

旧史偏重政治，人人所知；偏重政治为治史之大弊，亦人人所知。然（1）政治不可偏重，非谓政治可以不重；（2）而政治以外的事项，亦可从政治记载之中见得（如旧史的食货志，虽偏重财政，然于社会经济情形，亦多涉及。又如百官志，似乎专谈政治，然某一朝的政府，对于某种经济、文化事业，曾设官加以管理，某一朝却放弃了，亦可于其中见得。举此两端为例，其余可以类推），此二义亦不可不知。所以旧时史家视为最重要的部分，仍为今日读史极重要的部分，而宜先读。

旧时史家视为最重要的部分，是哪一部分呢？这个问题，我们可以读马端临（贵与）先生的《文献通考总序》而得到解答。他把史事分为两大类：一曰理乱兴衰，一曰典章经制。前者是政治上随时发生的事情，今日无从预知明日的；后者则预定一种办法，以控制未来，非有意加以改变，不会改变（此就形式言，其实际有效与否，另是一回事）。故前者可称为动的史实，后者可称为静的史实。历史上一切现象，都可包括在这两个条件之中了。

正史之所以被认为正史，即因其有纪、传以载前一类的史实，有志以载后一类的史实。然纪、传以人为主，把事实尺寸割裂了，不便观览。这一点，是不能为太史公咎的。因为后世的历史，纪、传所纪之事，多系同一来源，而将其分隶各篇，所以有割裂之弊。若《史记》则各篇之来源各别，如前说，古人本不使其互相羼杂，亦不以之互相订补也；所以又有编年体，与之并行。

编年体最便于通览一时代的大势：任何一件事情，都和其四周的情势有关系，不考其四周的情势，则其事为无意义。然欲将四周情势叙述完备甚难；过求完备，又恐失之过繁；而时间为天然的条理，将各事按其发生之先后排列，则每一事之四周情势，及其前因、后果，均可一目了然，此编年史之所以似繁杂而实简易也。现在学生读史的，往往昧于一时代的大势，甚至有朝代先后亦弄不清楚的。这固由于其人的荒唐，然亦由所读的历史，全系纪事本末体，各事皆分开叙述之故。倘使读过一种编年史，就不至于此了。此供学习用的历史，所以贵诸体并行也。编年史在统一的时代要，在列国并立或统一后又暂行分裂的时代为尤要。欧洲历史分裂时长，又较中国为要。现在世界大通，中外史事互有关系，则追溯从前，亦宜知其相互间之关系；即无直接关系，亦宜将其彼此间的情势，互相对照。然则合古今、中外，而用编年体作一简要的新史钞，实于史学大有裨益也。编年史有两种体裁。一如《通鉴》，逐事平叙，与单看《左传》同。一如《纲目》，用简单之语提纲，其笔法如《春秋》经，事情简单的，其下即无复文字；繁复的，则于下文详叙，低一格或双行书之，谓之目。纲、目合观，恰如将《春秋》与《左传》合编一简。编年史年代长者，一事在于何时，不易检索。因此，温公作《通鉴》，曾自撰《目录》。然《目录》实不完全，且别为一编，检索仍觉不便。若《纲目》，则阅览时可兼看其目；检索时可但看其纲，而所检索者即系本书，尤较另编目录为便利。朱子创此体以救《通鉴》之失，实为后胜于前，不能以其编纂不如《通鉴》之完善而并訾之也。读《通鉴》时，宜随意取一两年之《纲目》，与之并读，以见其体裁之异同；且最适于作长编：作史必先搜集材料，材料既多，势必互有异同，互相重复，故必依一定之条理，将其编排，则同一之材料，自然汇合到一处；重复者可去，异同者亦不待考校而是非自见；其或仍不能判，即可两说并存矣。条理如何，初无一定，要必依其事之性质，实即其事所自具也。时间为最普遍的条理。无他种条理可用时，时间的条理必仍存。即按他种条理分类，每一类之中，时间之先后，仍不可不顾也。

在历史年代不长时，得此已觉甚便，一长就不然了。一事的始末，往往绵亘数十百年，其伏流且可在数百千年以上，阅至后文，前文已经模糊了，要查检则极难。所以又必有纪事本末体，以救其弊（必时间长乃觉有此需要，此纪事本末一体，所以必至袁枢因《通鉴》而始出现也）。

有此三者（谓纪传、编年、纪事本末三体也。纪传体以人为主，固不免将事实割裂；然人亦自为史事一重要之因素，非谓其能创造时势，乃谓其能因应时势，代表时势之需要耳。故钩求理乱兴衰一类的事实者，非有编年、纪事本末两体以补纪传体之缺不可，而纪传体又卒不能废也），理乱兴衰一类的事实，可谓很有条理系统，编纂者都能使之就范了。

然典章经制，亦宜通览历代；而正史断代为书，亦将其尺寸割裂。于是又有政书以弥其憾。有此四者，而旧日史家所重视的政治事项，都能俯就编纂者的范围了。

（二）读旧史门径之门径：《资治通鉴》和《文献通考》

读书宜先博览而后专精。世界上一切现象，无不互相关联。万能博士，在今日固然无人能做，然治学者，（1）于普通知识，必宜完具；（2）与本人专治的学问关系密切的科目，又宜知之较深；（3）至于本科之中各方面的情形，自更不必说了。所以要治史学者，当其入手之初，必将昔人认为最重要之书，先作一鸟瞰（一切事无不互相关联，所以专治一事者，于他事亦不可茫无所知。近来有伪造唐初钞票以欺人者，人亦竟有受其欺者，即由近人之治学门径太窄之故。若于唐代社会经济、货币、官制、印刷术等方面的知识稍形广阔，即知无论从哪一方面立论，唐初决不能有钞票也）。然以中国史籍之多，即将最重要的部分作一鸟瞰，已经不容易了。于此，我们就要一个"门径之门径，阶梯之阶梯"（张之洞《輶轩语》中语。《輶轩语》者，张之洞任四川学政时，教士子以治学门径之作也）。

于此，我以为学者应最先阅览的，有两部书：

一为《资治通鉴》。此书凡二百九十四卷，日读一卷，不及一年可毕。读时必须连《注》及《考异》读。《注》中关系官制、地理之处，更应留心细读。这两门，是胡身之（即胡三省）用功最深处，可见得古人治学之细密。凡治史，固不必都讲考据，然考据之门径，是不能不知道的；于注释亦应留意，否则所据的全系靠不住的材料，甚至连字句都解释错了，往往闹成笑柄。如胡适之，昔年疑井田制度时，称之为豆腐干式，将昔人设法之谈（设法，谓假设平正之例），认为实事，已可笑矣，犹可说也。后乃误古书之方几里者为几方里。不但振振有辞，且于纸角附以算式。逮为胡汉民指出，乃曰：我连《孟子》都忘了。其实此乃根本没有懂，无所谓忘也。旋又据今日之经纬度而疑《汉书·西域传》所载各国道里为不实，作为古书数字不确之证。不知《汉书》所载者，乃人行道里；经纬度两点间之直线距离，则昔人谓之天空鸟迹；截然两事，明见《尚书·禹贡疏》。不读《禹贡疏》，甚而至于不读《孟子》，本皆无足为奇；然欲以史学家自居而高谈疑古则缪矣。其说皆见昔年之《建设杂志》。

次为《文献通考》。论创作的精神，自以《通典》为优；然《通考》所分门类，较《通典》更密，不可谓非后起者胜。且马君所附考证，议论亦不乏，非徒能排比也。章实斋（即章学诚）讥为策括之流，盖于此书实未细读，后人附和之，非知言也。《通志》二十略中，《六书》《七音》《校雠》《图谱》

《金石》《昆虫》《草木》等，为旧时史志及《通典》《通考》所无，然非初学所急。故但就《通考》中裁取若干门类。可择读以下诸门：《田赋考》七卷，《钱币考》二卷，《户口考》二卷，《职役考》二卷，《征榷考》六卷，《市籴考》六卷，《土贡考》一卷，《国用考》五卷，《选举考》十二卷，《学校考》七卷，《职官考》十一卷，《兵考》十三卷，《刑考》十二卷，《封建考》十八卷；共一百零四卷，日读一卷，三个半月可毕。

此外，章实斋在其所著《文史通义》中，竭力强调别编文征，以补后世有关系的文字太多，正史不能备载之缺。此即予所言治史宜兼考集部中不属于记载部分之理。凡纂辑历代文字者，如《全上古三代秦汉三国六朝文》等，固均有此作用。

（三）其他可读之入门书

然其时代最近，读之易于了解，且易感觉兴味者，要莫如贺耦庚的《经世文编》（此书题贺耦庚之名，实则魏默深先生所辑。续编有数种，内容之丰富，皆不逮之）。可随意泛览数卷，以见其体例。前人读史，能专就一事，贯串今古，并博引史部以外的书籍，以相证明，此可见其取材之广。

而深求其利弊的，莫如顾亭林的《日知录》，亭林此书，就所搜集之材料观之，似尚不如今人所作专题论文之广，然昔人之为此，意不在于考据，故于材料，必有关论旨者然后取之，余则在所吐弃，非未曾见也。严格论之，必如此，乃可称为著述；徒能翻检抄录，终不离乎比次之业耳。可先读其第八至第十三卷。

其包孕史事、意在彻底改革，最富于经世致用的精神的，莫如黄梨洲的《明夷待访录》，卷帙无多，可以全读。

清代考据家之书，钱辛楣的《廿二史考异》，最善校正一事的错误；王西庄的《十七史商榷》，长于钩稽一事的始末；赵瓯北的《廿二史札记》，专搜集一类的事实，将其排比贯串，以见其非孤立的现象而发生意义；均宜随意泛览，以知其治学的方法。此等并不费时间。然则我所举第一步应读之书，苟能日读一卷，不使间断，为时不过一年余耳。

三　治古史的前提

必有人讥议我所举的不周不备。既读《通鉴》，如何不读《续通鉴》、《明通鉴》或《明纪》呢？既读《通考》，如何不读《续通考》《清通考》《续清通考》呢？难道所知者只要限于五代、宋以前么？殊不知我所言者，乃为使初学者窥见旧时史籍体例起见，非谓以此使其通知史实。若要通知史实，则所求各有不同，人人宜自为之，他人岂能越俎代庖，一一列举？

老实说，所谓门径，是只有第一步可说；第二步以下，就应该一面工作，一面讲方法的。方法决不能望空讲，更不能把全部的方法一概讲尽了，然后从事于工作。譬如近人教人读史时，每使之先读《史通》《文史通义》。此两书诚为名著，然其内容，均系评论前人作史的得失；于旧史全未寓目，读之知其作何语？讲亦何从讲起？所以我所举初学应读之书，就不之及了。

史部书目分类，历代各有不同，然大致亦相类。今试举最后的清代四库书目为例，则我所指为史部重心的，实为正史、编年、纪事本末、政书四类。居今日而治史学，重要者固不尽于此；然此四者，仍不失其最重要的性质，说已具前。四类书中，我所举者，仅及编年、政书两类。因正史事实割裂，初学不易读；纪事本末，则读《通鉴》时可以翻阅其目录，知一时代之中共有几件大事，而欲查检前文时，亦可于此中求之，则不待读而已可通知其体例矣。此四类之外，曰别史，系体裁与正史相同，而未列为正史者；曰杂史，则体例与正史相异，而所纪事实，与之相类者；曰诏令奏议，则文征之一部分耳；曰传记，专考一人之行事，正史中之列传，尚且从缓，此自暂可搁置；曰载记，系记偏方诸国之事者，少数民族之历史，或包含于其中，于研究此问题者，甚为重要，初学亦难遽及；曰时令，此本不应入史部，讲经济史者，于治农家之书时，可供参考耳；曰职官，既从《通考》中知其大略，一时自不必求详；曰目录，治学术史时宜求之，此时亦可不及；曰史评，最要者为《史通》《文史通义》两书，此时之不能读，正文中已言之矣。惟地理一门，知其大概，亦颇切用。昔人于此，均先读《读史方舆纪要》。此书之观点，太偏于军事，然在今日，尚无他书可以代之。学者若能取其《总论历代州域形势》九卷，与一种州郡名较完全的读史地图对照；于各省，则取其论封域及山川险要者，及各府下之总论，粗读一过，费时亦不过月余耳。

史部之书，初学第一步当读者，略尽于此。虽简易，似不失之陋。亦从工作中求门径，非空讲方法也。经、子之学，于治古史者关系最大。子部中之医家、天文、算法、术数、艺术等，治专门史者乃能读之。较普通者，为关涉农、工二业之农家、谱录两类，亦非初学所及也。

四　初读求速不求甚解

凡读书，决无能一字一句，无不懂得的。不但初学如此，即老师宿儒，亦系如此。吾乡有一句俗话说："若要盘驳，性命交托。"若读书必要一字一句都能解说，然后读下去，则终身将无读完一部书之日，更不必说第二部了。其实，有许多问题，在现时情形之下，是无法求解的；有些是非专门研究，不能得解；即能专门研究，得解与否，仍未可知的；有些虽可求解，然非读下去，或读到他书，不能得解，但就本文钻研，是无益的；并有些，在我是可不求甚解的。不分轻重缓急，停滞一处，阻塞不前，最为无谓。所以前人教初学读书，譬诸略地，务求其速，而戒攻坚。但定为应读的，略读则可，越过则不可；因为越过是不读，非略读耳。

选自《吕著史学与史籍》，华东师范大学出版社2002年版

治史方法谈

一　以前历史的弊病和现代史学的宗旨

（一）旧时历史的弊病何在

从前的历史，不适于现代人之用，这句话，是人人会说的，然则从前的历史，其弊病果安在呢？

提出这一个问题来，我们所回答的，第一句话，便是偏重于政治。"一部二十四史，只是帝王的家谱"，这一类的话，在今日，几乎成为口头禅了。这些话，或者言之太过，然而偏重政治的弊病，是百口莫能为讳的。且如衣、食、住、行，是人生最切要的事，读某一时期的历史，必须对于这种生活情形，知道一个大概，这是无待于言的了。我们读旧日的历史，所知道的却是些什么呢？我也承认，读旧日的历史，于这一类的情形，并非全无所得。然而读各正史中的舆服志，所知者，皇帝和官员所穿的衣服、所坐的车辆而已，平民的衣着，及其所用的交通工具，却并没有记载。我们读《齐书》的本纪，知道齐明帝很有俭德。当时大官所进的御膳，有一种唤作裹蒸，明帝把它画为十字形，分成四片，说：我吃不了这些，其余的可以留充晚膳。胡三省《通鉴注》说，在他这时候，还有裹蒸这种食物，是把糖和糯米、松子、胡桃仁，合着香药做成的，把竹皮包裹起来蒸熟。只有两个指头大，用不着画成四片。（见齐明帝建武三年）裹蒸的大小，无关紧要，可以不必去管它。看它所用的材料和做法，大约就是现在嘉、湖细点中胡桃糕的前身，吾乡呼为玉带糕，正是用糖和糯米粉、松子、胡桃仁制成的，不过没有香药而已。（因近代香药输入，不如宋、元时代的多而美。）南北朝时，还没有蔗糖，就是宋、元之间，蔗糖也远不如今日之盛，胡三省所说的裹蒸，用何种糖不可知，齐明帝所吃的裹蒸，则所用的一定是米、麦糖，米、麦糖所制的点心，不甚宜于冷食，所以大官于日食时进之，等于现在席面上的点心；后来改用蔗糖，就变成现在的胡桃糕，作为闲食之用了。又据《南史·后妃传》：齐武帝永明九年，诏太庙四时祭荐其先人所喜食之物。其中荐给宣皇帝的，有起面饼一种。胡三省《通鉴注》说："起面饼，今北人能为之。其饼浮软，以卷肉啖之，亦谓之卷饼。"这似乎就是现在山东薄饼的前身。胡氏又引程太昌的话，说起面饼系"入教面中，令松松然也。教，俗书作酵"。然则在宋、元间，南人食面，尚不能发酵。面饭不发酵则不松美，我们观此，颇可知古代北方虽多产麦，而北人仍以稻米为贵，近代则不但北人喜食面，即南人嗜面的亦渐多的原因。这两件事，我们自谓读史钩稽，颇有所得，然亦只是一鳞一爪而已。南北朝时，裹蒸究竟是较普遍的食品，还是帝王贵人所专享？发酵之法，究竟发明于何时，如何普及于南方？我们都茫无所知。然则我们读史，虽可借零碎材料，钩稽出一些史实来，然毕竟知之不详。这就不能不追恨当时的史家所记太偏于政治，以致别种情形只能因政治而附见了。我们虽能知道秦代的阿房宫、汉代的建章宫宏大壮丽的情形，因而略知当时的建筑技术，然究不能知秦、汉时代普通的民居如何，其弊亦正在此。所以说旧史偏重政治的弊病，是百口莫能为讳的。

偏重政治的弊病，果何从而起呢？这有一个很深远的原因在内。人类的做事，是有惰性的，没有什么新刺激，就只会模模糊糊，一切都照旧做去。古代国家，不过现在一县大，所谓国君，仅等于现在的县令，大夫略如乡、镇长，士则保、甲长之类而已，他们又都是本地人，所行的政治，自然能有影响及于社会。到后世，就远不是这一回事了。君门万里，出必警跸清道，君和民终身没有见过一面。（康有为的《欧洲十一国游记》说：人们凡事，都易循其名而不察其实，如听见外国有国王，便想象他是和中国的皇帝一样。其实，我在比国，看见它的国王从宫中步行出来，人民见他，都起立致敬，他也含笑点头答礼，比中国州县官的尊严，还相差得很多。）平民于宫中之事，固毫无所知；生长深宫之君，于民间习俗，亦一无所晓。所谓礼、乐等化民之具，在古代，是行之于共见共闻之地的。（如古代的乡射礼，意思便近于现在地方上的运动会。）在后世，则只是君和大臣，在禁卫森严的地方，关着门去行，平民永远不曾看见，试问有何影响能及于社会？现在骂政治不好的人，总说他是纸上文章，实际没有这回事。试问，以现在行政机关的疏阔，官吏和人民的隔绝，欲求其不成为纸上文章，如何可得？所以在古代，确有一个时期，政治是社会上的重要现象；社会上的大事，确可以政治上的大事为其代表；后世则久已不是这么一回事了。而人们的见解，总还沿袭着旧时，把后世的政治，看得和小国寡民的时代一样。譬如现在，我们看报，看人家往来的信札，往往叙述社会现象之后，总有"未知当局者何以善其后也"一类的话，其实考其内容，其事都绝非政治所能为力的。然而这种见解，并不是不读书没有见识的人才如此，即号为读书明理的人亦往往如此；其中少数杰出的能重视现实的人，虽明知其不然，然亦为旧观念所牵率，见之不能晶莹，于是古代历史偏重政治，后世亦就相沿不变了。这是社会科学上一个深切的弊病，现在议论起来，虽似乎大家能知其弊，到实际应用，又往往阴蹈之而不自知，怕一时很不容易彻底除去。

　　既然偏重政治，则偏重战事和过度崇拜英雄之弊，必相因而起。因为战事总是使政治发生显著的变化的，而在政治上、军事上能得到成功的人，亦总易被众人认为英雄之故。不错，战事确是能使社会起重大的变化的。然而要明白一件事，总得能知其原因结果，然后可谓之真明白。旧史所记的战事，往往只是战事而已，于其原因如何，结果如何，都茫无所及。（便是对于战事胜败的原因、结果，亦往往说不出来。）此等记载，试问知之竟何所用？"英雄造时势，时势造英雄"，这两句话，到现在，还有视为难于论定的。其实所谓英雄，不过善于利用时势而已。一个社会，到危急存亡的时候，能否有英雄出来，全看这社会的情形如何，如能否造就英雄？有英雄，能否大家崇拜他，听他的指挥，把反对他的人压伏下去？这些，都是英雄能否出现的条件，而决不是有无这样的人出生与否的问题，这是明白无疑的事。英雄造时势一语，如何能与时势造英雄并列呢？过分偏重军事，则易把和平时代跳过了，如讲生物学的人，只知道突变，而不知道渐变，这个能算懂得生物学么？过分崇拜英雄，则易于发生"利人济物非吾事，自有周公孔圣人"和"啸吟风月天容我，整顿乾坤世有人"的思想。大家觉得只要有一个英雄出来，就一切问题都解决了，而忘却自己应负的责任。其肯负一些责任的，又容易模仿不适宜于时代的人物，甚而至于妄自尊大，陷于夸大狂的样子。

还有，借历史以激励爱国家、爱民族之心，用之太过亦有弊。不错，爱国家、爱民族，是确有其理的；而借历史以激励爱国家、爱民族之心，亦确是一个很好的办法。然而天下事总有一个适当的限度，超过这限度，就不是真理，而是出于矫揉造作的了，其事就不免有弊。这在欧洲，十九世纪后半期各国的历史，都不免有此弊，而德国为尤甚。亚洲新兴的日本，此弊亦颇甚。中国人偏狭之见，较之德、日等国，可谓相差甚远，然亦不能绝无。中国人之有此弊，是起于宋以后的。民族主义，原因受异族的压迫而起，中国自宋以后，受异族的压迫渐次深了，所以民族主义亦渐次勃兴，这固是题中应有之义。然感情与理性，须相辅而行，偏重感情，抹杀理性，就糟了。如中国宋以后盲目的排外之论，是很足以偾事的。近代和西洋人交涉的初期，即颇受其弊。而日本人在明治的初年，亦几受其弊，幸而尊王攘夷之论，一转而为变法维新，否则日本在此时，可以激成很大的惨祸的，虽然不至于亡国。朝鲜国比日本小，而其受宋学末流的影响却深，就竟尔暂时酿成亡国的惨祸了。大抵民族主义误用的弊病有两种：（1）是把本族看得过高，如德、日两国，即犯此弊；（2）则把异族看得太低，如中国人总说蛮夷不知礼义，甚至比之于犬羊便是。这两者之弊，都由昧于事实的真相而起。昧于事实的真相，惟有求明事实的真相可以救之。所以由矫揉造作的历史所致之弊，惟有用真正的历史，可以做它对症的药。

还有，借历史以维持道德的观念，也是有流弊的。这又可分为两种。其一，借历史以维持社会的正义，如朱子编《通鉴纲目》，借书法以示褒贬。（书法是借一种记事的笔法，以表示对于其事的褒贬的。如某人罢官，罢得不得当的，则书曰罢某官某；如其人咎有应得的，则削去官名，但书某罢；如无好无坏的，则书某官某罢。）后人又为之发明，对于历史上的人物、事迹，一一加以批评。其二，则借此激励读史者的修为，如昔人编纂名臣和名儒的言行录等，即出于此动机。此二者，骤看亦似无甚弊病。然凡事都贵求真，（1）历史上的记载，先是不确实的；（2）即使确实，而一件事情，关系极为复杂，亦断非但据其表面所能论定；而此等史事的批评家，往往仅据往史表面上的记录，其结果，多不免于迂腐或肤浅，就不徒无益于求真，而反足为求真之累了。

还有一事，在西洋受病颇深，中国却无其弊，那便是借历史以维护宗教。在西洋，所谓中世时代，历史几乎做了宗教的工具。是宗教事件则详，非宗教事件则略，而其所评论，亦多数是用的宗教家的眼光。这不但旧教，即新教亦未尝不如此，而且两教都利用历史，以为攻击的武器。中国亦未尝没有教，中国人所作的历史，如佛家所记的释迦本行、高僧事迹之类，然大家都只当它宗教中的书籍看，不把它当作历史，所以不受其害。还有一种，竟无好好的历史，而历史事迹，都依附宗教书籍以传之国，如印度等，那其受病之深，更不言而喻了。

还有，存着一种以史事为法戒，即所谓前车之鉴的见解，亦足使史学深受其弊的。

（二）史家宗旨今昔异同

史也者，非一成不变之物，而时时在改作之中者也。所谓改作者，非徒曰正其误谬，补其阙略而已。盖其所取之材料，实有不同焉。而材料之不同，则因宗旨之不同而生者也。

古人作史之宗旨，不同于今人者，大端有三。

一曰偏重政治。正式之史，本出史官，而史官由国家设立。其易于偏重政治者，势也。人类之做事，恒有其惰性，前人创行焉，则后人率循而不敢越。抑不仅此，古代国小而俗朴，举一国惟在上者之马首是瞻，斯时庙堂之政令，盖诚为举国之枢机。即在后世，法出而奸生，令下而诈起，然政治之力，仍足强制在下者，使之变易其外形，所及广而收效宏。盖无逾于政治者。此自来作史者，所以于他方面皆失之忽略，而独于政治则喋喋不休也。然政治之力，虽能改易举国之外形，而其所改易，亦仅及外形而止。况于国大民众，中枢之命令，不能遍及，社会程度日高，一心听令又非古昔之比，虽欲变易其外形，或且不可得乎？试观近代，政治转移社会之力，较机械为何如乎？

一曰偏重英雄。此由古代事权，恒操于一二人之手之故，其实英雄全恃凭借，亦全恃命运，试以身所接构之人，较其成功者与败绩者，其才力相去，初不甚远可知。又英雄之称，实由庸众所赐，而庸众识力不及，往往以矫诬侥幸之徒为英雄，而真英雄转非所识。试观往史，有众所唾骂，或以为无足重轻，而今声价日增者。亦有众所归美之人，今断觉其一钱不值者。而先知先觉，眼光过于远大，与恒人相去太远者，尤易为世所缪辱。验诸并世，此等情形，尤随在可见，特人莫之察耳，以莫能察者之多，而庸众之程度可见矣。庸众之程度可见，而其所评定之英雄可知矣。即谓英雄之成功，非全侥幸，然必能利用事势，乃能成功，则确不可易。时势造英雄，盈天地间皆是。英雄造时势固非无其事，然皆世所淡漠视之者也。故真能促进社会之过程者，皆非世所谓英雄，而世所谓英雄，则皆随波逐流之徒也。

一曰偏重军事。此由外观之兴亡，每因军事而起，其实国之兴亡，由于战之胜败，而战之胜败，初不在于胜败之时，事至习见，理亦易明。时至今日，本有取人之国而不用兵者，即在浅演之世，胜负专决于兵，亦不过能慑服之，使不我抗而已。真欲同化他族，使之泯然无迹，亦必别有设施，我族同化异族之事，即其佳证也。

偏重政治，偏重英雄，偏重军事，三者弊亦相因，以政治军事，古多合而为一。而握有此权者，苟遭际时会，恒易有所成就，而为世人目为英雄也。此盖往史最大之弊。自此以外，犹有五焉：

一曰用以奖励道德。其义又有二，一以维持社会之正义。如往史之讲褒贬，重激扬是。一资为立身之模范，如以善人为法，恶人为戒是也。

一曰用以激励爱国爱种族。今日之史，犹未能合全世界为一。

乙部大宗，大抵一国家一民族之史也（即一国种族甚多者，亦仍以一族为主，如中国之史，以汉族为主是也）。同族同国之人，其相亲爱，本已异于异族异国，况于今日种族之界限尚未能破，一民族为他族所征服，往往为之奴隶牛马，不能不思所以自保。而欲图自保，又不能无国家为利器乎？况于古代褊狭之见，又有留诒至今，未能涮除者？爱国爱族，诚未尝不可提倡，然蔽于偏见，致失史事之真，则缪矣。中西交接之初，史家此等谬误，盖未易枚举，今日读之，未见不哑然失笑者也。若乃明知非史事之真，而故为矫诬，以愚民而惑世，如日本人之所为者，则尤不足道矣。

一曰借以传播神教。教徒所作之史恒有之。试读《蒙古源流考》，观其妄援吐蕃，以为有元帝室之祖。又试读梁任公《佛教初输入》一篇，则见白马驮经之说。本道教徒之谰言，而其后辗转附会，转用以诋毁道教，即可知此等史迹，无一可信。然至今日，此等事仍不能免。往者梁任公撰《克伦威尔传》，称扬其革命之功，基督旧教所出之汇报，乃务反之。又今日奉佛之人，喜援佛经之寓言，侈陈佛之灵迹。信孔教者，亦喜引谶纬怪说，以见孔子之殊异于人。此皆予所亲见者也。其智与撰《蒙古源流考》，造白马驮经之说者何异？此等事，在今世，诚不甚多，有之亦不足惑众。然在往昔，则惑世诬民甚深。并有更无正史，欲考行事，惟有求之教中经典者矣。中国信教，不如外国之深。教徒奸乱历史亦不如外国之甚。然其崇古，亦略带迷信性质。如刘知幾《疑古》《惑经》两篇，往昔论者，多诋为非圣无法是也。

一曰偏重生计。此弊旧日无之，只病视之过轻耳。今之过信唯物史观者，则颇有此弊，史事因果至为繁复，诚有如释家所谓帝网重重者，偏举一端，纵极重要，必非真相。况于戴蓝眼镜者，则所见物无一非蓝。戴黄眼镜者，则所见物无一非黄。意有偏主，读一切书，观一切事，皆若足为吾说之证，实则未足深信乎？孔子之讲大同，老子之慕郅治，所慨想者，实皆隆古部落共产之世。今日社会学者所慨慕，夫岂古人所不知？然终不谓生计制度一变，天下遂可臻于大同郅治。以社会之事，经纬万端，故非偏举一端，所可概也。

一曰偏重文学。史之源出于传述，传述之语，必求新奇可喜，感慨动人。而事之真遂因之而隐。《荷马史诗》，本类唱本者无论矣。即学者所传，亦多不免此弊。《管子》述桓公之威，北慑离枝，西臣大夏。夫离枝即后世之鲜卑，大夏极近，亦当在今山西境。齐桓盟会，晋献讫未尝与，献公死而国乱，齐桓亦未能正，安能暴师徒以征并北之远夷。《左氏》谓山戎病燕，不过在今北平境，《公羊》谓其旗获而过鲁，则并在今山东境矣，安能远及长城之外乎？此由口耳相传，致兹不谛。先秦两汉，多有此病，魏晋而降，务华饰而失真，赵宋以还，好学古而不切，近世文字，虽稍平实，然好讲史法，务求简洁雅驯，失实处仍不少也。

以上所举，皆史家之弊。至于近世，又有教育之家，因儿童不能了解，曲说史事，致失真相者。学究固非史家，生徒亦难言史学，然其人数甚多，影响颇巨，则亦不可不慎也（今日粗识之无知辈，以及耳食之徒，论三国事，无不误以演义为史实者，可知通俗教育，影响之大）。

偏重之弊，厥有三端。一曰不重之事，易于漏略。二曰所重之事，易于扩大（无论有意无意）。三曰原因结果，易于误认，而史事之真相失矣。史籍无论如何详博，断不能举天下事一一记载，终不能无所去取。去取必凭史家之意，意向稍歧，而史籍之误滋多矣。此古人所以有尽信书不如无书之叹也。

今日史家，异于往昔者，有一语焉。曰：求情状，非求事实。何谓求情状非求事实？曰：梅定九氏言之矣。梅氏之言曰：历之最难知者有二，其一里差，其一岁差。是二差者，有微有著，非积差而至于著，虽圣人不能知，而非其距之甚远，则所差甚微，非目力可至，不能入算。故古未有知岁差者，自晋虞喜，宋何承天、祖冲之，隋刘焯，唐一行始觉之。或以百年差一度，或以五十年，或以七十五年，或以八十三年，未有定说。元郭守敬定为六十六年有八月，回回、泰西，差法略似。而守敬又有上考下求，增减岁余天周之法，则古之差迟，而今之差速，是谓岁差之差，可谓精到。若夫日月星辰之行度不变，而人所居有东西南北，正视侧视之殊，则所见各异，谓之里差，亦曰视差。自汉至晋，未有知之者，北齐张子信，始测交道有表里，此方不见食者，人在月外，必反见食。宣明历本之，为气刻时三差，而大衍历有九服测食定晷漏法，元人四海测验七十二所。而近世欧罗巴，航海数万里，以身所经山海之程，测北极为南北差，测日食为东西差，里差之说，至是而确。是盖合数十年之积测，以定岁差，合数万里之实验，以定里差。距数愈远，差积愈多，而晓然易辨。且其为法，既推之数千年数万里而准，则施之近用，可以无惑。历至近日，屡变益精，以此。

夫史学之进步，亦若是则已矣。今日之政治，非夫古代之政治也。今日之风俗，亦非复古代之风俗也。以政治风俗之不同也。生于其间者，其所作为，与其所成就，自亦不能无异。然政治风俗之不同，非旦夕可见者也。烝民之生虽久，而其有史则迟，大化之迁流，岂不知往事者所能睹，则以为国家社会之为物，亘古如兹。犹前剧后剧，舞台初未尝更，特般演于其上之人物，有不同而已。庸有当乎？试举两事为证。

韩信之破陈馀也，曰驱市人而战之，而戚继光之御众，则纪律极严，其兵至能植立大雨中而不动，读《练兵实纪》一书，犹可想见其规制之密，训练之勤焉。彼能驱市人而战之乎？使驱市人以战，而亦可获胜，继光何为纷纷然，何继光之不惮烦？然则继光之才，不逮韩信邪？非也。信距战国之世近，其民固人人能战，故劫之以势，则皆胜兵。若未习战之白徒，则务固其势，以壮其胆，犹且虑其奔北，若置之必死之地，彼非哗溃，则相挤入水耳。不观汉高彭城，苻坚淝水之败乎？古人所处之时不同，为尚论所不容遗，犹天文之有岁差也。

昔人之论佛也，曰："其微言不能出吾书，其诞者吾不信也。"此语最中肯綮。彼教怪诞之言，论者本有两说：一以为皆实语，一则以为寓言。神教非吾侪所知，以哲理论，则后说为当矣。然则佛固诞谩，不如孔子之真实邪？须知佛所处者为印度，孔子所处者为中国，佛之说，亦印度旧说，非其所自创。犹子所雅言，诗书执礼，亦虞夏商周之旧物，非其所自为也。以印度旧说之诞诋佛，亦将以诗书礼乐之违失罪孔子乎？此与訾孔子不通梵文，佛不以华言著书何异？古人所处之地不同，为尚论所不可遗，犹天文之有里差也。

此等理，原非古人所不知，然于异时异地之情形，知之不悉，及其论事，终不免以异时异地之事，即在此时此地境界之中，犹评外国戏剧者，设想其即在中国舞台之上，其言必无一得当矣。职是故，今日史家之先务，遂与昔时大异，彼其重情状，不重事实，非吐弃事实也。其所求者，皆足以考证一时一地社会情形之事实云尔。社会之情形既明，而一切事实，皆不烦言而解矣。求明社会情形之事实如何？曰：有二。

一曰重恒人。谚曰：三军易得一将难求。斯固然，然不知兵之勇怯，亦安知将之良否？读前所论韩信、戚继光之事可见矣。故英雄犹匠人，其所凭借之社会犹土木。非有土木，匠人固不能成室，而匠人技艺之优劣，亦视其运用土木如何耳。成一时一地之情形者，恒人之饮食男女、日用行习也。英雄犹浮屠之顶，为众所著见，不待考而明，恒人犹全浮屠之砖石，易见忽略，故非详加考察不可也。

一曰重恒事，恒事者，日常琐屑之事也。亦易见忽略，然实为大事之基。鲜卑者，东胡之裔，东胡盖古之山戎也。方其未强盛时，齐桓伐之而捷，秦开却之而克，至匈奴冒顿攻之，遂奔北逃窜，一若绝无能为者。然至檀石槐、轲比能，遂方制万里。使边郡之士夫，为之旰食，何哉？蔡邕之言曰：关塞不严，禁网多漏，精金良铁，皆为贼有。汉人逋逃，为之谋主，兵马利疾，过于匈奴。证以金室初兴，厚值以市商人所携之兵甲，清朝猾夏，实起抚顾之互市。而鲜卑盛强之原因，可想见矣。宁城下通胡市，后书之记此，固以见汉抚驭之略，非以著鲜卑强盛之由，而吾侪连类钩考，乃能别有所得。知风化乃知山崩，地表之变动，海岸线之升降，固不让火山之爆发，洪泽湖之陷落。不知平时，固无由知革命也。平时实渐进之革命也。

学问之道，求公例，非求例外。昔人不知各时各地情形之不同，则无论何事，皆有其不可解之处，而史事悉成例外矣。知之，则事实之形状不同，而其原理则一。汇万殊归一本，而公例斯主。此固凡学问之所同，不独史也。

（三）现代史学家的宗旨

往史之弊既如此，所以救其弊者，又将如何？

不论什么事情，总是发生在一定的环境之内的，如其不知道它的环境，这件事就全无意义了。现在试举一个例。从前汉朝时候，有一个名将，唤作韩信。他有一次和敌人打仗，把自己的兵排在水边上，背对着水，这就是所谓背水阵，是犯兵家之忌的，因为没有退路了。后来竟打了胜仗。人家问他，他说：这亦在兵法上，不过你们不留意罢了。兵法上不是有一句置之死地而后生么？我所用的兵，不是训练惯统带惯的，乃是临时聚集来的乌合之众，这和走到市集上，把许多赶集的人聚拢来，使之作战一样，不是置之死地，人人要想自己救命，谁肯出力死战呢？这是一件事。明朝时候，又有一个名将，唤作戚继光。他练兵最认真。著有一部书，唤作《练兵实纪》，对于练兵的法子，说得很详尽。清朝的曾国藩，本来是个书生，不懂得练兵的，他初出来练乡勇，就靠这一部书做蓝本，订定一切规则。可见戚继光这部书，对于练兵的方法说述的详尽，也可见得他对于练兵的认真了。相传当他检阅时，适逢大雨，他的兵都能植立雨中，一步也不移动，可见他训练之效。他所以南征北讨，所向有功，绝非偶然了。这又是一件事。两件事恰恰相反。在看重战术的人，一定说韩信的将才在戚继光之上，能不择兵卒而用之；在注重训练的人，则又要说韩信的战胜只是侥幸；其实都不其然。韩信生在汉初，承战国时代之后。战国时代，本来是举国皆兵的，所以在秦、汉之世，贾人、赘婿、闾左（这亦是当时所谓谪发、谪戍。谪是谴谪的意思，发有罪的人出去作战，谓之谪发；出去戍守，谓之谪戍。贾人、赘婿，都不能算有罪，然汉时亦在七科谪之列，那不过因当时重农贱商，赘婿大概是没有田产的，发他们出去当兵，免得扰累农民罢了。闾左，谓一条街巷的左半段。这是要发一条街巷里居民的一半去当兵，而古者地道尊右，把右边算上首，所以发其左半的人出去，秦时曾有此事），发出去都可充兵。韩信所用的兵，虽说没有经他训练过，然战争的教育，是本来受过的，对于战斗的技艺，人人娴习，所以只要置之死地，就能够人自为战。戚继光时代，则中国统一已久，人民全不知兵，对于战斗的技艺，一无所知，若不加以训练，置之活地，尚不能与敌人作战，何况置之死地呢？若使之背水为阵，非毙于敌人锋镝之下，就要被驱入水了。所以韩信和戚继光的事，看似相反，而实则相成，若非知其环境，就无从了解其真相了。况且事实原因环境而生，若不知其环境，对于事实的性质，必也茫无所知，更何论了解其经过。然则对于史事，安可不知其环境呢？

然而我们现在，对于任何史事，总不能十分明白其环境，这是什么理由？这自然是由于记载的缺乏了。记载为什么会缺乏呢？难道向来史家，对于不知环境则不能明白其事件的真相的道理，都不知道么？不，须知"常事不书"，为秉笔者的公例。

我们现在虽追恨古人，叙述一事件时，不把它的环境说述清楚，以致我们不能了解，然使我们执笔为之，恐亦不免此弊；即使力求避免，其与古人，亦不过程度之差而已；将来读书的人，还不免要追怨着我们。这是因为著书的人，总得假定若干事实为读者所已知，而不必加以叙述，如其不然，就要千头万绪，无从下笔了。你天天记日记么？一个朋友，忽而今天来看你；你今天忽而想到去做一件不在预算范围内的事情；这自然要记出来的。学校中的课程，个个星期是一样；吃饭、睡觉，天天是一样；那就决无逐日记载之理，至多每学期开学之初，把课程表抄一份在日记里，以后每逢变动时，再加以记载；初记日记时，把吃饭和睡觉的时刻，记下一笔，以后则逢一顿宴会、一夜失眠等事，再加以记载罢了。这就是所谓常事不书，是秉笔者不得不然的。然而社会的变迁，虽然看不见，却无一息不在进行之中。虽其进行无一息之停，却又"正明目而视之，不可得而见；倾耳而听之，不可得而闻"，正和太阳影子的移动，没人看得见一样。然而隔着一个时间再去看，就移动了许多了。社会的变迁，亦是如此，必须隔若干年代，然后看得出。然而人寿太短，所以除非生于剧变时代的人，总不觉得它有多大的变动。寻常人所觉得的变动，总是听见父辈、祖父辈，甚或是曾、高祖父辈的人所说的，这种说述的人，尚或出于传闻而不是亲见，如此，在感情上，自然不甚亲切；而且这些零碎的事实，不能通其前后而观之，则亦不过是一个一个小小的变动而已，并不觉得如何惊心动魄，把它记载下来的人，自然少了。隔了较长远的时代，再把今昔的社会一加比较，固然也觉得它有很大的不同，然而变迁的时代，业已相离很远，无从知其因变迁生出来的影响，自更无人注意及之了。所以社会的变迁，我们所知道的，怕不过百之一二，对于任何时代的情形，我们都是茫然，自然对于任何事件的环境，我们都不明白了。

不知环境，对于任何事情，总是不能明白的，以致对于任何时代，亦都不能明白，这却如何是好呢？所以现在的史学家最重要的事情，就是"再造已往"。何谓再造已往呢？那就是已往的时代，虽然已往了，我们却要综合各方面，使其时代的情形，大略复见于眼前。史事有"特殊事实"和"一般状况"之分。对于特殊事实，普通的见解，总以为时代愈接近的人，则知之愈真切，其实不然。这许多事情，往往要隔了一个相当的时期，然后渐明；再隔了一个较长的时期，然后大白的。因为许多事情，都有其内幕，而其内幕，在当时总是秘密的。局中人固不肯宣泄，更不能宣泄；局外人既不能宣泄，抑或不肯宣泄；必隔了一个时期，其材料才得出现。而且局中人无论矣，即局外人，亦免不了利害和感情上的关系，其见解总不能平允，见解既不能平允，自然所述不能真实，亦必隔了一个时期，此等关系渐成过去，其所传的材料方能真确。又有许多事情，其内幕是永不宣泄的，所谓如何如何，只是后人据其外形，参以原因、结果，推测而得，这亦非待至事后各方面的材料大略出现之后，无从推测。这种便利，都是当时的人，或其时代较为接近的人所没有的。所以特殊事实，看似当时的人最为明白、时间愈接近的人则愈明白，其实适得其反。我们来谈唐、宋、元、明时代的特殊事实，必有一部分非其时之人所知；将来的人谈现在的历史，亦必有一部分非我们所能及。至于一般状况则不然，现在的上海，物质生活是怎样？人情风俗是怎样？将来的人，无论是怎样一个专家，对于现在的上海，无论研究得如何精密，其了解的深切，总还不如现在久居上海的一个无甚知识的人。固然，他或有种种知识，为现在的老上海所不及的，然这只是多知道了若干零碎的事实，对于现在整个上海的性质的了解，决出于现在所谓老上海者之下。若使现在的上海，发生了一件特殊的事情，使将来的专家和现在的老上海，同来猜想其原因，逆料其结果，将来专家的所言，绝不如现在老上海之近理。所以以当时的人，了解当时的事，只是苦于事实的真相不能尽知，如其知之，则其了解之程度，必出于异时人之上。这就是再造已往之所以要紧。

已往者已往矣，何法使之再现？难道能用奇秘的摄影术使古事再见，奇秘的收音机使古语可闻么？照寻常人想来，除非用现代的有声电影，可以把现代的情形，留起若干来，给后人知道，已往的事，是绝然无法的了，其实不然。所谓一般状况，乃是综合各种事情而推想出来的，并不是指某一个人或某一件事。若专指一人一事，那又是特殊事实了。我们现在，有许多前人所遗留下来的重大的特殊事件，尚且不能了解其时的社会，何况但保存一二琐屑的事情呢？若说我们保存得多，则岂能把现代的情形，一一保存下来？还不过和前人一样，假定若干事物为后人所能知，则置诸不论不议之列，其为我们所逆料，以为将来之人将不能知之事，则保存一二罢了。此与前人之所为，亦何以异？至多以五十步笑百步而已。所以要以现代人之所为，省却将来的人搜辑、推测之劳，决无其事。而史家的能力，就是在于搜辑、推测的。倘使能搜辑、推测，前代的情形虽然已成过去，仍有使之再现到某程度的可能。我们现在所苦的，乃是这种材料之少，而无从据之以资推测，然此种材料虽少，我们所用的搜辑的工夫，怕比他更少。况且我们于现存材料之外，还有发现新材料的可能。

所以现代史学上的格言，是"求状况非求事实"。这不是不重事实，状况原是靠事实然后明白的，所以异于昔人的，只是所求者为"足以使某时代某地方一般状况可借以明白的事实"，而不是无意义的事实而已。所以有许多事情，昔人视为重要，我们现在看起来，倒是无关重要，而可以删除的。有许多事情，昔人视为不重要，不加记载，不过因他事而附见的，我们现在看来，倒是极关重要的，要注意加以搜辑，上章所述的裹蒸和起面饼，似乎就是一个例子。所以求状况的格言，是"重常人，重常事"，常人、常事是风化，特殊的人所做的特殊的事是山崩。不知道风化，决不能知道山崩的所以然，如其知道了风化，则山崩只是当然的结果。

搜辑特殊事实，以求明了一般状况，这是很难有刻板的方法可说的。大致说起来，亦不外乎所知者博，则所测者确，所以搜辑是最紧要的事。所搜辑的材料，大致说起来，亦可分为物质状况和社会状况二者。譬如古代的地理，和现在不同，就是自然状况有异（譬如古代的长江比现在阔，所以南北战争，长江为天险的性质较后世为甚），住宅、道路等亦然。又如考校某时代的学术思想如何，便可推测其时的士大夫，对于某种政治上的事件，怀抱何种感想。若再博考其时平民社会的情形，则又可推测其时的老百姓，对国事的态度如何。既知道士大夫和老百姓对待国事的态度，就可解释其时政治上某种事件，当局者何以要取某种措置的理由，并可评论其得失。这是举一端为例，其余可以类推。

"折戟沉沙铁未销，自将磨洗认前朝"，知道古今兵器之不同，则其战术的不同，亦只是当然的结果，如风化之于山崩而已。

二　研究历史的方法

历史的性质及其发展的经过，和现在的观点，已经大略明白了，那我们就可以进而谈历史的研究方法了。

（一）具有现代科学的常识是研究历史的首要条件

现在要想研究历史，其第一个条件，就是对于各种科学，先得要有一个常识。治史学的人，往往以为社会科学是紧要的，自然科学则不甚重要，实亦不然。有许多道理，社会科学和自然科学是相通的。如演变的观念，若不知道生物学，就不能知道得真确。又如治历史，要追溯到先史时代，则史家对于地质学，岂能茫无所知？这是举两端为例，其余可以类推。所以治史学的人，对于现代的科学，都不能不略知大概。否则用力虽深，也和一二百年前的人无以异了，安足称为现代的学问家？固然，各种社会科学，如政治学、法律学、经济学、人生哲学等，和史学的关系更为密切。然只能谓治史学者，对于此等学科，更须有超出常识以外的知识，而不能说此外诸学科，可以并常识而不具。现在再把治史学的人所宜特别加意的几种学科，略说其关系如下：

（1）治史学第一要留意的，就是社会学了。

历史是研究整个社会的变迁的，任何一种事件，用别种眼光去解释，都只能得其一方面，惟社会学才可谓能揽其全。而且社会的变迁发展，是有一定的程序的，其现象似乎不同，其原理则无以异。明白了社会进化的法则，然后对于每一事件，都能知其在进化的长途中所具有的意义；对于今后进化的途径，自然也可以预测几分。如蛮族的风俗，昔人观之，多以为毫无价值，不加研究。用社会学的眼光看起来，则知道何种社会有何种需要，各种文化的价值，都是平等的，野蛮民族的文化，其为重要，正和文明民族一样。而且从野蛮时代看到文明时代，更可知道其变迁之所以然。所以我曾说：近代的西人，足迹所至既广，他们又能尊重科学，为好奇心所驱迫，对于各种蛮族的风俗，都能尽量加以研究，这个对于史学的裨益，实非浅鲜。因为它在无意中，替我们把历史的年代延长了，现代蛮族的情形，和我们古代的情形相像，看了它，就可追想我们古代的情形了，所以说是历史年代的延长。就是使我们的知识加几倍的广博。这亦是举一端为例，其余可以类推。

（2）把历史的年代延得更长的，就是考古学了。

史学家说："假定人类的出生，有二十四万年，我们把一日设譬，则每小时要代表二万年，每一分钟要代表三百三十三年，最古的文化，在十一点四十分时候才出现；希腊文化，离现在只有七分钟；蒸汽机的发明，则只有半分钟而已。所以通常所谓古人，觉得他和我们相离很远的，其实只是同时代的人。"这种说法，所假定的人类出生的时期，为时颇短，若取普通的说法，很有加长一倍的可能，那我们历史上的文化，更浅短得不足道了。然即此假定，亦已足以破除普通人的成见了。

（3）自然科学中，对于历史关系最密切的，自然是地理学。

这因为人类无一息之间，能不受自然的影响，而地理学是一切自然条件的总括。这种道理，在现今是人人知道的，无待再说。但在历史上，地理形势不必和现在相同，把现在的地理情形，去解释史事，就要陷于误谬了。所以治史学者，对于历史地理，不能不有相当的知识。其中最重要的，就是要知道各时代地面上的情形和现在不同的，因以推知其时的地理及于其时人类的影响和现在的不同。钱君宾四曾对我说，有意作这样一部书，这是极紧要极好的事情，然此事恐不易成。不可如从前人但偏于兵事上的研究。

（4）治史学的人，虽不是要做文学家，然对于文学，亦不可不有相当的了解。

其中：

a.是训诂。这在治古史，是人人知其重要的，然实并不限于此。各时代有各时代的语言，又有其时的专门名词，如魏、晋、南北朝史中之宁馨、是处、若为，《宋史》中的推排、手实、称提等都是。宁馨犹言这个。是处犹言处处。若为即如何的转音。推排是查轧的意思。手实是按一定的条件，自行填注。称提乃纸币跌价，收回一部分，以提高其价格之意。这些实该各有其专门的辞典。

b.文法，亦是如此。这个在古代，读俞樾的《古书疑义举例》可知，后世亦可以此推之。

c.普通的文学程度，尤其要紧。必能达到普通的程度，然后读书能够确实了解，不至于隔膜、误会。况且在古代，史学和文学关系较深，必能略知文学的风味，然后对于作史者的意旨能够领略。

晚出《古文尚书》的辨伪，可谓近代学术界上的一大公案。最初怀疑的朱子，就是从文学上悟入的。他说："《今文尚书》，多数佶屈聱牙，《古文尚书》则无不平顺易解，如何伏生专忘掉其易解，而记得其难解的呢？"清朝的阎若璩，可说是第一个用客观方法辨《古文尚书》之伪的人，到他出来之后，《古文尚书》之为伪作，就无复辨解的余地了，而他所著的《古文尚书疏证》中有一条，据《胤征》篇的"每岁孟春"句，说古书中无用"每"字的，因此断定其为魏、晋后人的伪作。

宋朝的王应麟，辑鲁、齐、韩三家《诗》，只辑得一薄本，清朝的陈乔枞所辑得的，却比他加出十倍。陈乔枞的时代，后于王应麟有好几百年，只有王应麟时代有的书，陈乔枞时代没有，不会有陈乔枞时代有的书，王应麟时代没有的，巧妇难为无米之炊，陈乔枞有何异术，而能所得的十倍于王应麟呢？那是由于古书有一种义例，为陈乔枞所知，而王应麟所不知。原来自西汉的今文经学以前，学术的传授，都是所谓专门之学，要谨守师法的。这所谓专门之学，与现在所谓专门之学，意义不同，非以学问的性质分，而以其派别分。所以师徒数代相传，所说的话，都是一样。我们固可因历史上说明甲系治某种学问，而因甲所说的话，以辑得某种学问的佚文，并可以因乙所说的话和甲相同，而知道乙亦系治某种学问。如是再推之于丙、丁等等，其所得的，自非王应麟所能及了。然则甲、乙、丙、丁等所说的话的相同，并不是各有所见，而所见者相同，还只是甲一个人所说的话。

我们治古史，搜罗证据，并不能因某一种说法主张者多，就以为同意者多，证据坚强，这亦是通知古书义例，有益于史学的一个证据。

（二）预知史学的观念是研究历史的次要条件

讲学问固不宜预设成见，然亦有种重要的观念，在治此学以前，不可不先知道的，否则就茫无把握了。这种重要的观念，原只是入手时的一个依傍，并没叫你终身死守着它，一句不许背叛。现在就史学上的重要观念，我所认为读史之先，应该预先知道的，略说几条如下：

其中第一紧要的，是要知道史事是进化的，打破昔人循环之见。

有生命之物所以异于无生物，人所以特异于他种生物，就在进化这一点上。固然，世界上无物不在进化之中，但他种物事，其进化较迟，在一定的时期中，假定它是不变的，或者尚无大害。人类的进化，则是最快的（每一变动，必然较从前有进步，有时看系退步，然实系进步所走的曲线），这种现象，实在随处可见。然人类往往为成见所蔽，对于这种真理不能了解。尤其在中国，循环的观念入人甚深。古人这种观念，大概系由观察昼夜、寒暑等自然现象而得，因为此等现象，对于人生，尤其是农、牧民族，相关最切。这其中固亦含有一部分的真理，然把它适用于人类社会就差了。粒食的民族，几曾见其复返于饮血茹毛？黑格尔的哲学，徒逞玄想，根脚并不确实；而且不免偏狭之见；有何足取？然终不能不推为历史哲学的大家，而且能为马克思的先导，就是因为他对于历史是进化的见解发挥得透彻呀！

第二，马克思以经济为社会的基础之说，不可以不知道。

社会是整个的，任何现象，必与其余一切现象都有关系，这话看似玄妙，其实是容易明白的，佛家所说的"帝网重重"，就是此理。帝字是自然的意思，帝网重重，犹言每一现象，在自然法中，总受其余一切现象的束缚，佛家又以一室中同时有许多灯光，光光相入设譬，亦是此意。然关系必有亲疏（亲疏，就是直接、间接），影响亦分大小。地球上受星光之热亦不少，岂能把星光的重要，看作和太阳光相等？把一切有关系的事，都看得其关系相等，就茫然无所了解，等于不知事物相互的关系了。如此，则以物质为基础，以经济现象为社会最重要的条件，而把他种现象，看作依附于其上的上层建筑，对于史事的了解，实在是有很大的帮助的。但能平心观察，其理自明。

第三，近代西洋科学和物质文明的发达，对于史事是大有影响的。

人类最亲切的环境，使人感觉其苦乐最甚的，实在是社会环境，这固然是事实，然而物质环境既然是社会组织的基础，则其有所变动，影响之大，自更不容否认。在基础无甚变动时，上层建筑亦陈陈相因，人生其间的，不觉得环境有何变动，因亦认为环境不能使之变动，于是"世界是不变的"，"即有变动，亦是循环的"，"一切道理，古人都已发现了"，"世界永远不过如此，无法使之大进步，因而没有彻底改良的希望"，这种见解，就要相因而至，牢不可破了。科学发达了，物质文明进步了，就给这种观念以一个大打击。惟物质文明发达，而人类制驭自然之力始强，人才觉得环境可以改变；且可用人类的力量使之改变，人类因限于物质所受的种种苦痛，才觉得其有解除的可能。惟物质文明发达，而社会的组织亦随之而大变，人才觉得社会的组织亦是可变的，且亦可以用人类的力量使之改变的。又因物质文明进步所招致的社会变迁，使一部分人大感其痛苦，人才觉得社会实有加以改革的必要。惟物质文明发达，才能大变交通的情形，合全球为一家，使种种文化不同的人类合同而化。惟科学发达，人才不为浅短的应用主义所限，而知道为学问而学问的可贵，而为学问而学问的结果，则能有更精深的造诣，使人类的知识增加，而制驭事物之力，亦更因之而加强。人类的观念，毕竟是随着事物而变的。少所见多所怪的人，总以为西洋和东洋有多大的差异，闻见较广的人，就不然了，试将数十年以前的人对于外国的见解，和现在人的见解，加以比较便知。然不知历史的人，总还以为这小小的差异，自古即然，知道历史的人，见解就又不同了。西洋现在风俗异于中国的，实从工业革命而来，如其富于组织力，如其溺于个人的成功都是。前乎此，其根本的观念，原是无大异同的。所以近代西洋科学及物质文明的发达，实在是通于全世界划时期的一个大变。

第四，崇古观念的由来及其利弊，亦不可不加以研究的。

人人都说：中国人崇古之念太深，几以为中国人独有之弊，其实不然。西洋人进化的观念，亦不过自近世以来。前乎此，其视邃古为黄金时代，其谓一切真理皆为古人所已发现，亦与中国同。而且不但欧洲，世界上任何民族，几乎都有一个邃古为黄金时代的传说，这是什么理由呢？崇古的弊病，是很容易见得的。一九四五年之后，只会有一九四六年，决不会有一九四四年，然而一九四五年的人，是只会知道一九四四年以前，决不会知道一九四六年以后的。所以世界刻刻在发展出新局面来，而人之所以应付之者，总只是一个旧办法。我们所以永远赶不上时代，而多少总有些落伍，就是为此。这固然是无可如何的事，然使我们没有深厚的崇古观念，不要一切都以古人的是非为标准，不要一切都向从前想，以致养成薄今爱古的感情，致理智为其所蔽，总要好得许多。然而人却通有这种弊病。这是什么理由呢？难道崇古是人类的天性么？不，决不。人类的所以崇古，是有一个很深远的原因的。人类最亲切的环境是社会环境，使人直接感觉其苦乐，前文业经说过了。在邃古之世，人类的社会组织是良好的，此时的社会环境亦极良好。后来因要求制驭自然的力量加强，不得不合并诸小社会而成为大社会，而当其合并之际，没有能好好地随时加以组织，于是人类制驭自然之力逐步加强，而其社会组织，亦逐步变坏，人生其间的，所感觉的苦痛，亦就逐步加深了。人类社会良好的组织，可以说自原始的公产社会破坏以来，迄未恢复。而其从前曾经良好的一种甜蜜的回忆，亦久而久之未曾忘掉。于是大家都觉得邃古之世，是一个黄金时代，虽然其对于邃古的情形并不清楚。这便是崇古主义的由来。是万人所共欲之事，终必有实现的一日的，虽然现在还受着阻碍。明乎此，则知今日正处于大变动的时代之中，但其所谓变动，必以更高的形式而出现，而非如复古主义者之所想象，这便是进化的道理。

以上所述，自然不免挂一漏万，然而最重要的观念，似亦略具于此了。

（三）研究出社会的法则是史学的最大任务

社会科学，直至今日，实在本身并没有发现甚么法则。一切重要观念，多是从自然科学中借贷而来的。并非说全没有，但只是零碎的描写，没有能构成条理系统。前叙循环等观念，根本是从观察无生物得来的无论矣，近代借径于生物学等，似乎比古人进步了，然亦仍有其不适用之处。无论其为动物、为人，其个体总系有机体，而社会则系超机体，有机体的条例，亦是不能适用于超机体的。如人不能恒动不息，所以一动之后，必继之以一静；社会则可以这一部分休息，那一部分换班工作，所以一个机关可以永不停滞，这便是一个例。所谓社会科学，非从感情上希望其能够如何，更非从道德上规定其应当如何，而是把社会的本身，作为研究的对象，发现其本身是如何、可以如何的问题。这便是第一节所说的学，而指导其应该如何，则只是第一节中所说的术。术是要从学生出来的，而我们自古至今，对于社会的学，实在没真明白过，所以其所谓术，也从来不能得当。一般对于社会的议论，非希望其能够如何，则斥责其不当如何，热情坌涌，而其目的都不能达到，如说食之不能获饱，试问竟有何益？社会学家说得好："社会上一切事都是合理的，只是我们没有懂得它的理。"这话深堪反省。努力研究社会，从其本身发现种种法则，实在是目前一件最为紧要的事，而这件事和史学极有关系，而且非取资于史学，是无从达其目的的，这便是史学的最大任务。

（四）史家与读史

人的性质，有专门家和通才之分。在史学上，前者宜为专门史家，后者宜为普通史家。人固宜善用其所长，然亦不可不自救其所短。专门家每缺于普遍的知识，所发出来的议论，往往会荒谬可笑。这是因为一种现象的影响，只能达到一定的限度，而专门家把它看得超过其限度之故。普通史家自无此弊。然普通史的任务，在于综合各方面，看出一时代一地域中的真相，其所综合的，基础必极确实而后可，如专门的知识太乏，又不免有基础不确实的危险。所以治史学者，虽宜就其性之所长而努力，又宜时时留意矫正自己的所短，这亦不可不知。

读历史的利益何在呢？读了历史，才会有革命思想。这话怎样讲呢？那就是读了历史，才知道人类社会有进化的道理。从前的人，误以为读了历史，才知道既往，才可为将来办事的准则，于是把历史来作为守旧的护符，这是误用了历史的。若真知道历史，便知道世界上无一事不在变迁进化之中，虽有大力莫之能阻了。所以历史是维新的证佐，不是守旧的护符。惟知道历史，才知道应走的路，才知道自己所处的地位、所当尽的责任。

有人说："历史上的因果关系，是很复杂的，怕非普通人所能明白，而普通的人对于历史，也不会感觉兴味。"这话亦不尽然。今日史事的所以难明，有些实在由于因果关系的误认。譬如政治久已不是社会的原动力了，有些人却偏要说：国家的治乱兴亡，全由于政府中几个人措置的得失。这种似是而非的话，如何能使人了解？如其是真实的："现代机械的发明，到底足以使人的生活变更否？""机械发明之后，经济组织能否不随之而起变化？""资本主义，能否不发达而为帝国主义？""这种重大的变化，对于人类的苦乐如何？""现在的社会，能不革命否？"这些看似复杂，而逐层推勘，其实是容易明白的，何至于不能了解？都是和生活极有关系、极切近的事情，何至于没有兴味？

三　作史的方法

作史，似乎是研究历史的人所谈不到的，然而现在的历史，正在要重作之中，惟其知道作史的方法，才能知道研究的方法，所以作史的方法，也不可以不一谈。

（一）作史三步骤：搜辑、考订和编纂

历史该怎样作法呢？那在理论上是无疑义的。第一，当先搜集材料。第二，当就所搜集得的材料，加以考订，使其正确。然后第三，可以着手编纂。

史事的搜辑、订正，是永无穷期的。外行的人，往往以为："历史的材料，是一成不变的。至多（1）有新发现的事实，加一些进去；（2）旧材料不完全，不正确的，被发现了，则加以补充，加以订正；如此而已。这两者都不能多，所以历史的材料，从大体上可以说是固定的，无甚变动。"这种见解，其实是错误的。

历史上的年代如此之长，事实如此之多，即使我们所搜辑的范围和从前人一样，亦不易有完备之日。何况研究的范围是时时变动的，无论你方法如何谨严，如何自许为客观，人于研究范围之内的，总是反映着其时代所需要。一物有多少相，是没有一定的，有多少人看，就有多少相，因为没有两个看，能占同一的空间与时间。看的人没有了，就相也没有了。哲学家说："世界上没有两件相同的东西，因为至少它所占的时间或空间是两样。"然则以不同地域、不同时代的人，看起历史上的事件来，其观

点如何会相同？观点不同，其所见者，亦自然不同；所觉得要补充、要删除的，自亦随之而异了。所以史学一日不息，搜辑之功亦即一日而不息。

这话或者说得太玄妙些，然即使浅而言之，现代各种科学勃兴，我们从前不甚注意、不甚了解的事实，现在知其重要的何限？岂能摒诸研究范围之外？然则史学的范围，安得而不扩充？范围扩充，搜辑的工作，安能不随之而增加呢？科学的进步永无止境，史家搜辑的工作，自亦随之而无穷了。至于订正，则从前人的记载错误的，见解不正确的，浅而言之，即随处可见。此等或可说：终有订正至正确的一日，而有的或竟无法可想了，则订正亦似有穷期。其实亦不然。真正客观的事实，是世界上所没有的。真正客观的事实，只是一个一个绝不相联属之感觉，和做影戏所用的片子一般，不把它联属起来，试问有何意义？岂复成为事实？所谓事实，总是合许多小情节而成，而其所谓小情节，又是合许多更小的情节而成，如是递推，至于最小，仍是如此。其能成为事实，总是我们用主观的意见，把它联属起来的。如此，世界上安有真客观的事实？既非客观，安得云无变动？这话或者又说得太玄妙些，然而一件事实的真相，不但限于其外形，总得推见其内部，这总是人人可以承认的，如此，则因社会状况的不同，人心的观念即随之而变，观念既变，看得事情的真相，亦就不同了。譬如在从前尊信士大夫阶级的时代，看历史上的党争，或以为一方面确系君子，一方面实属小人；或以为两方面都系君子，出于误会。到现在，知道了阶级的性质，就知道无论哪一方，不会全是君子，其中真为国家、社会起见的，总不过是极少数人了。史事的订正，又安有穷期呢？搜辑永无穷期，订正永无穷期，历史的当改作，即已永无穷期，何况历史不是搜辑、考订了便算了事的，还要编纂成功，给大家看，而看的人的需要，又是随时不同的，然则历史安得不永远在重作之中呢？

（二）作史的具体方法

以上所说的都是原理，以下且谈些具体的方法。

1.搜辑的方法

搜辑的对象，当分为书本和非书本二者。

非书本之物，即a.人类的遗骸，b.古物，c.法俗。此当随时搜辑，其最重要的来源，为d.考古学上的发现，及e.各种新调查。这二者，在现在的中国，材料还不多，我们只能尽其所有，充分地加以利用。

书本上的材料，则可谓汗牛充栋。一个人的研究，总有一个范围（如划定时间、地域，或择取某一事件等）。在范围内的材料，自然有一个限度。但这种材料，很难断定某一部书内没有，于是每研究一个题目，就非把所有的书看遍，或看其十之七八不可，此岂人力所能及。从来著书的人，无论如何勤苦，怕也没人敢说：材料的搜辑，业已一无遗漏，或者十得八九的。然而考证上的事情，往往多一条证据，少一条证据（如发现不足信的材料，抽去一条），事相即为之大变，材料的搜辑不能完全，总是史学家一个遗憾。然则如之何呢？绝对的理论上的完备，自然是不可能的，然亦总得尽我们之力，做到大体上没有遗憾的地步。如此说来，则我觉得史料汇编，在今日实为当务之急。

所谓史料汇编，便是把每一个题目（无论其为时间别、地域别或择取某事件），遍览群书，把其中有关系的，都抄录下来，注明篇名、卷数或页数，及所据的版本（不同的刻本，须互相校勘，见于类书或他书所征引者亦然，所以又涉及校雠问题）。此自非一二人之力所能及，当集群力，以大规模的组织行之。此即昔人编纂类书之法。

中国历代，多有大类书的编纂。从魏朝的《皇览》，到清朝的《图书集成》。这能替研究学问的人，把他所需要的材料，汇集在一处，省却他自行搜辑之劳，所省下来的工夫，就可用之于研究上了，其用意实为最善，惜乎其所编纂的，都不甚佳而已。因为私人之力不及，而官修之书，又每不尽善。

在现代，实在各种学问，都当以此法行之，而史家相需为尤急。论整理国故的人，总说旧学术要算一笔总账，编类书亦是算总账最好的法子。编纂史料汇编，当用前人作史抄的方法。所谓史抄，是把从前人的著作，依着我所定的条理系统，抄集下来的，不改动原文。但遇两书材料相同的，则去其重复，然亦仍须注明。如《史记》与《汉书》，《宋》《齐》《梁》《陈》《魏》《周》《隋书》与《南北史》是。有一字的异同，亦须注明，无之则但注某书某篇同。有须删节处，亦须注明删节。总使人家看起来，和看原书一样。

为什么必要用这种体例呢？那是因为读史总要据原始材料的；而且有许多地方，史事的真相，就是据字句推勘而得；所以字句一有变动，又要生出一番校勘之劳，这个殊犯不着，所以要一概照抄，如有意见，则另注于下。善用这种体例的，亦可以成为著作，如马骕的《绎史》，便是一个例子。罗泌的《路史》，材料实较《绎史》为丰富而可贵，如用《绎史》的体例作成，当更可贵。

此种书籍，能合群力为大规模的编纂固佳，即私人亦未尝不可为。那便是：

a.择定一个题目，罄毕生之力而为之，尽其所能，做到什么地步是什么地步，其未竟之绪，则留待后人赓续。

b.或者选定若干部书，把它分门别类地抄撮起来，抄得几部是几部。这种办法，对于一个题目，固然极不完全，然使各种书籍都有人抄，而所定的门类，又大致相等（如能划一，自然更好，但恐不易办到，即亦不必勉强），则合而观之，亦不啻一完备的史料汇编了。

驳我的人要说道："彰明较著，一望而知为与某题目有关系的材料，固然可以集众或由有志的人汇抄。然而史学的进步，总是从众所不能见，即置之眼前，亦不能知其有何关系的材料中得来的，此岂非专家所能着手？"这话固然不错。然此乃无可如何之事。汇抄之作，原只能省众所共见的材料的搜辑，然把这种工夫，替研究者省下来，所得业已不少。外国学者著书，往往有延聘助手代其搜辑材料的，就是为此。何况专家新发明、新订正的史料，我们亦可分类抄撮呢？

2.考订的方法

考订史事的方法，外形上记载的同异，是容易见得的，只要搜辑得完备，校勘得精细。但现在所当致力的，殊不限于此。

大抵原始的史料，总是从见闻而来的，传闻的不足信，人人能言之，其实亲见者亦何尝可信？人的观察本来容易错误的。即使不误，而所见的事情稍纵即逝，到记载的时候，总是根据记忆写出来的，而记忆的易误，又是显而易见的。况且所看见的，总是许多断片，其能成为一件事情，总是以意联属起来的，这已经掺入很大的主观的成分。何况还有没看见或忘掉的地方，不免以意补缀呢？这种错误，是无论何人不能免掉的，如其要免掉，那就世界上没有史事了。

这还是得之于见的，其得之于闻的，则传述者又把这些错误一一加入。传述多一次，则其错误增加一次。事情经过多次传述，就无意间把不近情理的情节删除或改动，而把有趣味的情节扩大起来。看似愈传述愈详尽，愈精彩，实则其不可信的成分愈多。

这还是无意的，还有有意的作伪。那便是：a.伪造假的事实，b.抹杀真的事实，如清朝人的烧毁书籍，改作实录，就是其例子。这是有所为而为之的，还有c.无所为而出于游戏性质的。如东晋晚出的伪《古文尚书》，到底是何人所造，至今很难论定。程鱼门《晚书订疑》说它是游戏的拟作，其说亦颇近情理，此说如确，就是一个很好的例子了。古今来的伪书，亦可说是汗牛充栋。辨伪之法，近人论者颇多，此书为篇幅所限，不再详述。

以上所述，实在还都是粗浅的，若论其精微的，则凭你一意求真，还是不能免于不确实，虽然你已小心到十二分。因为人的心理，总有一个方向，总不能接受和这方向相反的事情。所以又有许多真确而有价值的事情，为你所视而不见，听而不闻了。心理上这种细微的偏见，是没有彻底免除的可能的；就要洗伐到相当的程度，也很不容易。读《文史通义》的《史德》篇可见。史事的不足信如此，无怪史学家说"历史只是大家同意的故事"

了。史学家为求真起见，在这上面，就得费掉很大的工夫。

3.阐述史实、编纂史书

史料的真伪，鉴别、考订得觉其大体可信了，然后我们可进而批评史事。历史上任何事件，把现在的眼光看起来，总觉得其不甚可信。明明是个大公无私的人，反说得他诈伪阴险（如往史之于王安石）；明明是件深曲隐蔽之事，说来反觉得其浅显易明；这些真是随处可见。而只知其外表，不知其内容的，更不知凡几。读史者于此，往往模模糊糊，不加注意；或则人云亦云；其偶有所见的，又或痛诋古人的错误，其实此亦不然。一件事，所能看见的，总只是外形，其内容如何，总得由观察者据着外形去推测。我们该尽我们考证之所能，推测之所至，尽量地把史事的真相阐发出来。不过推测总只是推测，不能径认为事实而已。在这一点上，昔人著述的体例，未尽善处很多，实有改良的必要。

历史不但因时代而不同，其所悬拟的读者，亦各不同。各种不同的读者，而只供给他一种书，是不很适宜的。如《资治通鉴》，本意系供君主阅览；以供平民阅览，实不尽适宜。就供给一种人看的历史，也应有几种同时并行，以资参证；而作史者亦得各抒所见；这是于史学大有裨益的。其好坏，最好任人评论。从前功令，定某种书为正经正史，使人把它的价值看得特别高，这种办法颇不适宜。我们当祛除成见，平等相看，其信否的程度如何，一以我们按照严格的史学方法所评定者为断。

选自《吕著史学与史籍》，华东师范大学出版社2002年版，标题为编者所加

怎样学习国文

光华大学从设立以来，就有基本国文一科，究竟怎样的国文，才可称为"基本"呢？

古人有言：要摇动一棵树，枝枝而摇之则劳而不遍，抱其干而摇之，则各枝一时俱动了。一种学问，必有其基本部分，从此入手，则用力少而成功多（古人这句话，就是现在经济学上所谓以最少的劳费，得最大的效果）。各种学问都是如此，国文何独不然。所以研究国文，亦必有基本部分，研究之时，应当从此入手，这是毫无疑义的，常识可明，不待费词。研究国文，有基本部分，是容易明白的，但是国文之中哪一部分是基本，这话就难说了。

一 国文的复杂性

研究国文，为什么要把它分做许多部分，而判定其孰为基本呢？这是由于国文的本身，异常复杂之故。国文的本身，为什么会复杂呢？这是由于其为"堆积"之故（从前金世宗是热心提倡女真文的，他兼用汉文和女真文开科取士，觉得女真文总不如汉文的精深。他就问他的臣下，这是什么理由？有一个人回答说，这是由于女真文行用日浅之故，倘使假以时日，自然会逐渐精深的，就合于这个道理）。

文字是代表语言的，语言是代表意思的。人的意思，是随着时代而变迁的，意思变，当然语言不得不变，语言变，当然代表语言之文字亦不得不变，这亦是当然易明的道理。但是新的既兴，旧者为什么不废呢？这又因为社会的文化非常复杂，新者既兴，旧者仍自有其效用之故。人之所以异于别种动物，根本就是靠语言，因为有语言，所以这个人所会的，可以教给别个人，前人所会的，可以传给后来的人，不必人人从头做起，所以其所成就者大。

但是单有了语言，还是不够，因为其所达到的空间和所占据的时间太少了。试将我们现在所有的书，和我们所能记得的书比较，便可明白此中的道理。记忆力是有限度的，我们能正确记得的，加上我们所能模糊记得的，便是我们记忆力的限度，超出这限度以外，就是靠文字替我们保存下来，倘使没有文字，这一部分就要先亡，或者虽不先亡，而大减其正确性（古书所以多不正确，即由其本为口传之故）。

文字是有形的、固定的，靠着它固定，所以能将许多东西替我们正确保存下来，而不至走样。然亦因其固定，所以其所保存的，仍是异时代人的语言，而不能转变为今人的语言，这种异时代的知识和材料，既是有用的，而又不能不用异时代的语言保存下来，于是异时代的语言，在现代就仍有其用了。

二 三种国文与基本国文

国文的种类，虽极复杂，然从其理论上言之，则可把它分作三种：（1）与语言相合的；（2）有一部分与语言不合的；（3）介乎二者之间的。所谓合不合，是要兼（1）词类，（2）语法，（3）说话的顺序言之。在文字中谓之字法、句法、篇法。举一个例：如桌子、板凳，直说桌子、板凳，就是甲种；改作几席，就是乙种。又如说没有知道这件事，是甲种；说未（没有）之（这件事）知（知道），就是乙种。这是就字法、句法立论，篇法较为难见，然就古人的文章，仔细推敲，设想这一篇话，改用口说，或者用白话文写出来，其次序应否变更，也是很容易悟入的。丙种文字，并不是说某一部分同于甲种，某一部分同于乙种，倘使如此，那就仍是甲种、乙种了。丙种文字的特色，就在于它可彼可此，譬如桌子、板凳，说桌子、板凳，固然可以，说几席亦无不可，全在因事制宜。试再举一个例：譬如我们现在作普通文字，说敬老之礼，《礼记》里的"谋于长者，必操几杖以从之""侍坐于所尊，敬毋余席"是没有什么不可以引用的。当这情形之下，决不能把几席改作桌子、板凳。然若甲乙两人，隔着桌子斗口，甲提起板凳来，撞伤了乙，那就决不能把桌子、板凳，改成几席了。作甲种文字，引用古书，虽无不可，然以口语文体论，至少应用之后，是应得再加以解释的，未免累赘。若乙种文，桌子、板凳，就绝对不能用。所以文字的应用，以乙种为最广，这是社会上的事实，向来如此的，而事实之所以如此，正非无故而然。

然则基本国文，岂不就是丙种么？这又不然，照前文所讲，很容易见得丙种文字，就是甲、乙两种之和，其自身是本无其物的。要学文字，只能就甲、乙两种中，择定其一，简而言之，就是单学语体文，还是连不与现行语言相合的文章也要学。

仔细想起来，上文所说的甲、乙两种文字，也只是理论上的分类，事实上，很难划定界限的，因为现代人的语言，也是各自不同。古书上的名词和句法，不见之于普通人口中的，仍可出诸文人学士之口。我们不能说普通人所说的是现代人的语言，文人学士所说即非现代人的语言，因为他明明是现代人。然则现代人的语言，也显分两种，一种是范围较狭的，我们假定，以"人人能说，人人能听得懂"，做它的界限，亦即以此为甲种文字界限，则出于此界线之外的，就不能不承认其侵入乙种文的范围了。研究学术的人，当然不能认此所定甲种文之范围内之语言，为已足于用，则其使用，势必侵入乙种的范围，使用既须及于乙种，当然学习亦不能不及于乙种了。而且严格言之，甲种文字，既经识字，既会说话，本是无须学得的，所以所谓国文的基本部分，必须于乙种文中求之。

三　国文的发展流变

但是乙种文字复杂已极，我们究取其哪一部分作为基本呢？说到此处，即不能不略有文学史的眼光。从来浅见的人，每以为原始的文章，必是和语言合一的，到后来渐渐分离，其实不然，文字的源起，并非代表语言，实与语言同表物象（实系人之意象），这是小学上的话，现在不能深论，然其说据，实甚确凿，无可怀疑的。文字既非代表口中的一音，当然用文字写成的文章亦非代表口中的一篇话。所以各国文学发达的次序，韵文都早于无韵文（因为文学史的初期，并没有照人类口中的言语记录下来的文字）。

我国现存的先秦古书，其中都显然包含两种文字：（1）是句子简短、整齐而有韵的，（2）是句子较长、参差不齐而无韵的。后一种分明是只依据语言，而其发达的时代较后，据现存的书看起来，其发达大约起于东西周之间，而极盛于前汉的中叶，到前汉的末叶，文章又渐渐地改观了。为什么改观呢？这是由于言文本无绝对的合一，其理由是说话快，写文章慢，听话的时间短，看文章的时间长；所以一个人说出来的话，和写出来的文章，本不会一致的，而在应用上，照说出来的话，一个个字地写在纸上给人家看，人家必觉得不清楚，甚而至于看不懂，把一篇写出来的文章，一句一句念给人家听，人家也一定觉得不痛快，甚而至于听不懂的。其所以然，（1）因语言的句子冗长，而文字简短；（2）由语言每多重复，而文字较为简净之故（即由说话快，写文章慢，听话快，看文章慢之故。因为说话既快，倘使句子又短，听的人就来不及了解了。文章有形迹而语言过而不留，听到后文，须回想前文之际，文章可以复看，语言则不能。所以说的人不得不再行提及，甚或屡屡提及，此等语法，在文字中，即所谓复笔。然较语言则远少）。所以文字语言，原始本非合一，即到后来，文字从不代表语言而进化到代表语言之后，仍不是完全一致的，既非完全一致，自然要分途发达了。

分途发达之际，文字向哪一方面走呢？那自然向美的方面走，何谓美？各时代的标准是不一致的。在当时，则以（1）句法简短整齐，（2）用字美丽者为美。循（1）此之趋势而前进，势必至于字眼典故，愈用愈多。汉、魏、晋、宋、齐、梁之文，愈后而其浮靡愈甚者，即由于此。此时代之所谓文，已全与口语不合，达意述事都不适用，即言情亦不真切。言情尚可勉强，达意述事，是不能一日而废的；汉魏文字已不自由，晋宋尤苦扞格，到齐梁则竟不能用了。起而弥其缺憾的，乃有所谓笔。笔是（1）不禁俗语俗字；（2）在原则上亦不用词藻，但其语调仍近于文，与口语不合，故在应用上，仍觉不便。

凡事都是动荡不定的，而亦总有趋中性，正像时钟上的摆，向两面推动，达于极度，则又回过头来，文章之自质朴而趋华美，自华美而后返于质朴亦然。南北朝末年，文章华靡极了，自然要有反动，当这时代，可走的路有二：（1）径用口语；（2）以未浮靡时之文为法。（2）又分为a.径说古人的话，b.用古人说话之法来说今人之话两端。（1）本最痛快、最质朴，但前所言甲种之文，既不够用，而是时文字，又非通国人所使用，而实为一部分人所使用，这一部分人，正是所谓有闲阶级，他们既不喜欢极度的质朴，而且既有余闲，亦不要以前所述之甲种文字为基本，所以这条路是走不通的。（2）中b本最合理，但改革初期的人，却竟想不到，于是竟走a路，如苏绰的拟《大诰》，乃是一极端的例。唐初的古文，还多是涩体，亦由于此。直到唐中叶，韩柳辈出，才专走b路，用不浮靡时代说话之法以说话，其所说的话，自然不致浮靡，而所说的话，自然以之达意述事而便，以之言情而真了。改革的运动，至此乃告成功。

此项文字，是废弃西汉末年以来的风尚，而以东周至西汉中叶之文字为法，其时代较早，所以被称为"古文"，然文学是堆积的，新者既兴，旧者不废，所以自汉魏至齐梁之体，依然与之并行，人遂称此种文字为骈文，而称新兴的文体为散文。散文既兴，骈文就只占文学里的一小部分，普通应用，全以散文为主了。练习国文，无疑的当以此为主。

四　当前国文教学中存在的问题与改正的方法

但是所谓散文，包括（1）自东周至西汉，（2）自汉中叶至今的文字，其数量，也是非常之多的。我们又拣出哪一部分，作为学习的基本呢？于此，又有一个问题，我们常听见人说"学校里的国文成绩不如私塾"这句话，固然由于守旧的人，故意把学校里的国文成绩压低，把私塾的国文成绩抬高，然平心而论，亦不能不承认其含有几分真实性；详言之，则学校国文的成绩劣于私塾是事实，不过其优劣之相去，不如此等人所言之甚而已。

学校的国文成绩，为什么会劣于私塾呢？最易得的答案，是练习时间的少。单就国文一科而论，这自然是事实，但是各科的成绩，是相贯并通的，决不能说别种科目的学习，于国文毫无裨益，若合各种科目而论，学校的肄习时间，断不会较私塾为少，所以以文字的高古而论，学校学生是应当逊于私塾学生的，因其所读者多非古书，以识力的充足、理路的清楚而论，学校学生成绩该在私塾学生之上，因其所肄习者多而且真实，然而并不能然。学校里的国文成绩，其内容的贫窭，思想的浮浅和杂乱，形式上则并非不古而实系不通，是无可讳言的。这究竟是什么原故呢？我以为其最大的原因，是由于现在的风气，做事浮而不实；次之则现在的学习国文，讲授所占的时间太多，自习所占的时间太少；再次之，则由于现在的教授国文，不得其法。前两端系另一问题，现在且论第三端。

最为荒谬之论，是把所谓应用文和美术文分开，须知天下只有可分清楚的理论，没有可分清楚的事实。文章是变相的说话，文章作得好，就是话说得好，天下有哪一种说话，能完全和实用离开的？又有哪一种话，完全不须说得好的？所以把应用文和美术文分开，根本是没有懂得文学。所以无论何种文学，苟其是好的，一定是有美的性质，其美的程度的高下，即以所含美的成分的多少为衡，绝不与其文字的内容相涉。这是第一步要明白的道理。

所谓美者，其条件果如何呢？具体言之，则其条件有二，一为势力之深厚，一为音调之和谐。何谓势力？凡说话，都是要刺激起人的想象的，刺激人的力量而强，则谓之势力深厚，刺激人的力量而弱，则谓之势力浅薄。何谓音调？音调就是说话的调儿，文章虽与说话分离，然在根本上始终是一种说话，所以亦必有其调儿。我们通常阅看文字，自己以为没有念，其实无不默诵的；不过其声至微，连自己也不觉得罢了。惟其如此，所以写在纸上的文章，不能没有调儿，如其没有，则大之可以不通，即使人不知其意，小之亦可以不顺，使人欲了解其意非常困难，而且多少有些扞格，此系音调所需的最小限度。若扩而充之，则文章的美术性，要以音调一端为最高尚。凡研究文字，而欲了解其美的，若于音调方面，不能了解，总不算得真懂；若在这一方面，能有真确的了解，别一方面断无不了解之理。因为这是文学最精微而又最难了解的一方面。文章之美，在于势力、音调两端，这亦是从理论上分析之论，事实上，断不能将一篇文字，分开了，专领略其势力方面或音调方面的，事实上之所谓美，乃是势力音调的总和。合此诸总和的具体相而言之，则曰神气。这里所用的神气两字，并无深意，就和俗话中所用的神气两字一般，即合诸条件所成之具体相。此相固系合诸条件而成，然断非此诸条件之总和。譬如一个人的相，固系合其五官、四肢、言语、举止等而成。然我们认识一个人，断非就此诸端而一一加以辨认，乃系看此诸端所合成的总相。所以一个熟人，远远走来，五官四肢，尚未辨别得清楚，我们早已认识他是谁了。因为所看的只是他的神气。文章神气的认识，其义亦系如此。这看似极模糊，实则极正确，而以认识而论，亦是较难的。文字的好坏，亦即判之于此。正如一个人品格的高低，判之于其风度一般。

文章是有个性的，天下断没有两个人的个性是相同的，因亦没有两个人的语言是相同的。文章就是语言，自然各个人的文章神气各不相同了。神气有好的，有坏的，有显著的，有隐晦的。大抵好的文章，其神气总是特别显著，这是各事都如此。譬如不会写字，笔笔描画的人，往往所写的字，极其相像，几于不能辨别，书家决没有如此的。文章亦然，文章的批评究竟有公道呢还是没有？我说，短时期之内是没有，长时期之内是有的。批评之权，本该操之内行之手，但在短时期之内，往往（1）内行的人，并未开口；（2）或虽开口，而未为人所重视；（3）或为他种不正的势力所压。所以作品并无价值，而誉满一时的人很多，此事今古皆然。但在较长时间之内，内行的人，不会始终不开口，苟无别种势力相压，自必为人所重视，而时异势殊，不正当的势力，也总要消散的。所以文章的好坏，历久必有定论。

这种历久受人重视的文章，昔人称为名家、大家，而名家、大家，二者又略有区别。名家是神气极好，然尚不免模仿他人，未能自求一格的；大家则不然。一个大家，必有一个大家特别的面目，毫不与人雷同。所以大家是个性极显著的，名家则未免模仿。名家既系模仿大家，其面目当然可与大家相像。同学一个大家的名家，彼此亦可相像。其实要学名家，径学其所自出的大家好了，即在诸名家之中，亦任择一人皆可学，不必专于一家。大家则不然，他的神气既是独特的，再无人与之相像；其由模仿而得到的，则总不如他的完全，也总不如他的显著；要学文章的人，自以从此致力为宜，所以大家遂成为研究的中心。

学文章与学科学不同，学科学入手所肄习的材料，必取最新之说，学文章则必取这几个大家，即所谓家弦户诵之文，向来肄习国文，即系如此。虽然向来教授国文的人未必都好，然其所取的材料，确是不错的。近来国文的选材，则漫无标准，从最古的书，直至于现代人的作品，而文体亦各种都备。推其意（1）在取人的齐备，以为可以见得各家的作风，（2）在取体制的齐备，以为各种文章，都可以有些懂，（3）在取其内容，以为于教育上有价值。其实各科各有目的，根本不应因副作用而牺牲正主义。至于文章的体制，则各有渊源，非多读古书，明于义例，断难真实了解；断非每种体制，各看一两篇，即可明白。至于作家，则与其将研究之功分散于许多人，不如集中于少数人，由前文所言，已经很可明白了。所以肄习国文，所取的材料，非大为改变不可。

然则在先秦、西汉，以及唐以后的文章中，该拣出哪一部分来以为研究的基本呢？案文章有各种样子，又有两种原因：一种是体裁，一种是个性。

何谓体裁？如《卦辞》《爻辞》，是《易》独有的文体；后人所谓"训诂体"，是《书经》独有的文体；所谓"春秋笔法"，是《春秋》独有的文体。此种差异的起源，乃由古代执笔记事的人，彼此各不相谋，所以各自有其特殊的体制（此种特殊的文体，是各适于其所要记的事，后世倘仍有此等需要，其体制自相沿不废，如其无之，亦即废而不用。譬如《易经》卦、爻辞的体制，除了扬子云等要作《大玄》以拟《易》的人，再没有人去模仿他了。又如《诗经》，后世更无人仿之以作诗，却仿之以作箴铭等韵文，则因某方面的需要，已经消灭，而某方面仍存在之故）。在后世就不然了。文化广被，各种文章的体制，执笔的人，都是看见过的；而其所作的文章，关涉的范围亦广，非如古代的卜人、筮人，只要作繇辞；记事的史官，只要作《春秋》一类的文辞；记言的史官，只要作《尚书》一类的文辞。

于是文辞的体制，不复足为其形式同异的标准，而其判然不同的，乃在于作者的个性（古代的文字，内容实甚简单，所以发挥不出个性来，到后来，内容渐渐丰富，个性即因之显著了。此与说一两句平庸刻板的话，看不出其人的神气，为一小时的讲演，则讲演者个性毕露，正是一理），从东周以后就渐渐入于这种境界了。现在所流传，从东周至西汉的文章，既非纯粹口语，亦非与口语相离甚远的文言，大抵如今浅近文言，或文言化的白话（避去极俗的话，在当时谓之"尔雅"，此亦文字渐与前人之文接近，而与当时人的口语相离的一种原因）。此等文字，较经意着力的，很能显出个性；其随笔抒写，简单而不甚经意的，则各人的面貌相同（此在现代亦然，如任何文学家，使作寻常应用之文，亦与寻常人同）。如刘子政《谏起昌陵疏》《谏外家封事》，都有其特殊的面目，和他家的文章，不能相混。而《新序》《说苑》《列女传》，则和他人的文章，并无区别，即其最好的例（古人之文，不必自作，大抵直录前人之辞，此亦多数古书面目雷同的一大原因。如《新序》《说苑》《列女传》多有与《韩诗外传》相同的，可见其文既非韩婴所作，亦非刘向所作）。我们的研究，自然是要集中于几种在体制上、在神气上都有其特殊的样子的。在先秦西汉时期，为几部重要的经、子和《史》《汉》（西汉时代诸大家的作品，大抵包括此两书中，而司马迁、班固，亦各自为一大家）。自唐以后，则普通以韩、柳、欧、三苏、曾、王为八大家之说，我以为颇可采取的。八大家之说，始于茅鹿门。茅鹿门固然不是我们所能十分满意的人，然在唐宋诸作家之中，独提出此八家，则大致尚算不错。试看后来，姚姬传的《古文辞类纂》，称为最佳的选本，然所选的唐以后的文章，百分之九十几，亦是此八家的作品，即可明白。

五　基本的国文应为一般人学习的工具

以上说了一大篇话，在理论方面，似乎还是有一个立脚点的，但是此等议论，究竟是为哪一种人而发的呢？因研究国文的人很多，其目的，明明是彼此不同的。我以为研究国文的人，大致可分为下列三种：（1）但求略识几个字，免于文盲的；（2）用国文为工具，以求他种学问的；（3）求为文学家的。除第一种人外，（2）（3）两种，我所说的研究方法，都可适用。因为这两种人，其研究的方法，到后来才有分歧，其初步是一样的，此即我所谓基本部分。为什么（2）（3）两种人，同要下这一步工夫呢？其理由，请再加以申说。

文学作品与非文学作品的区别，在用现代语为工具的时候，较易明白，在用非现代语为工具的时候，却是较难明白的。许多人因为不明白这个区别之故，以致误用功力，或其性质本不宜为文学家而枉用工夫；或其性质虽可以为文学家，而误走路径；这个实在冤枉；而在文学批评上，也觉得漫无标准。所以我现在要把它说个明白。

文学作品与非文学作品，当以"雅""俗"为界限。在雅的范围内，无论其美的程度如何，总可认为文学作品的，如其未能免俗，则即有好处，亦不得不屏诸文学范围之外，此即旧文学所谓"谨严"。谨严两字，在现代的批评家，或者是不赞成的，然我以为欲求美，先求纯粹。世界上没有将许多丑恶之物夹杂在一块而可以为美的。所谓谨严，即系将有累于美之物严格排除之谓。所以无论新旧文学，谨严两个字的藩篱，是不能破坏的，尤其是古典主义的文学，因为在内容之外，其所使用的工具，即语言，亦有一种雅俗的区别，而此种雅俗的区别，亦颇为难辨之故。然则何谓雅呢？所谓雅，即向来的文学家，公认为可以使用的语言，此亦当兼字法、句法、篇法三者而言之。有等字眼，有等句子，有等说话的顺序，为文学家所公认为不能使用的，则即入于俗之范围，作文学作品时，即不许使用。可用与不可用的标准，固然大体以古不古为主，然古实非其第一标准，因为并非凡古即可用，而新者亦在时时创造。文以达意为主，所以合于实际与否，总是第一个条件。古典主义的文学，对于用语及语法的取舍，只是在可古的时候，必求其古，至于于事实有碍时，亦不能不舍旧而谋新了。此所以非凡古即可用，而新者亦不能不时时创造。所以古典主义的文学，虽然富于崇古的精神，然其所用为去取标准的雅，与古实非一物，不过二者符合之时甚多罢了。二者所以多相符合，亦有其由。因为中国疆域广大，各地方风气不同，在古代，语言本不甚统一（看《方言》一书，即可知此乃各地方的语言，所用的辞类的不统一），而其时的文章，与语言颇为接近，倘使下笔之时，各率其俗而言之，难免别地方的人看了不能了解，所以尽力使用普通的语言，屏除其方俗所独有者，此即汉人所谓"尔雅"。其后因交通不便，各地方风气，仍不能齐一，此等需要，依然存在，文人下笔的时候，仍必力求人之易解。（1）语言不甚统一，而写在纸上的语言，是久已统一了的，欲求人人共喻，莫如借向来写在纸上的、别人已经用过的语言而用之；（2）亦且一切语言，多能引起粗鄙的想象，及至口中已不使用，或虽仍存在，而读音与语音歧异，不复能知其为一语时，此等粗鄙的想象，亦即不复存在。此其选择的标准，所以虽非求古而多与古符合之由，然二者究非一物，所以俗语亦在时时引进，并随时创造新词，不过此二者，亦必有其一定的法度罢了。

所以古典主义的文学，所谓雅言的形成，要遵照下列的条件：（1）在可古的范围内，尽量求其古；（2）事实上有妨碍时，则依一定的法则引进俗语，自造新词。其原理：（1）为保持写在纸上的语言的统一，（2）为求文章之富于美的性质。在此两种原理指导之下，进行其前两条所说的任务。能依此规则，使用此文学家所公认的语言的，则其文可以入于雅的范围，而得承认其为文学作品。

人，不是个个可以成文学家的，更不是个个可以成古典主义文学家的，因为他所使用的语言，和现代人口中所用的语言不同。这虽不是外国话，然亦不能不承认它是一种时间上相异的语言，当然较之时间上的现行语是要难懂一点的，要成为古典主义的文学家，非于文学家的气质以外再加上一种"异时间的语学"上的天才不可，所以非人人所能成，并非凡文学家所能成。能成此等文学家与否，各人可以自知，即读书达到一定程度，对雅俗的区别能否有真知灼见，如其能之，此人即有可成古典主义文学家的资格，有志于此者，可以用功。如其不能，即无此等性质，可以不必致力于此，因为用违其长，终于无成。即能小有成就，亦是事倍功半，很不值得的。

要想成为古典主义的文学家，或研究高深学问，而与中国旧籍关系很深的，我所说的研究法，可以适用，是无庸怀疑的。至于并不想成古典主义的文学家，而其所研究的学问，亦和中国旧籍无甚关系；此等人，是否值得花这番工夫呢？论者便不能无疑，但我以为还是有必要的。其理由如下：

（1）事实上并无纯粹的语体文，即前所云甲种文的存在，现在所谓语体文，都是文白夹杂的，词类、成语、句法、篇法以及行文的一切习惯，从文言中来的很多。这个不但现在如此，即将来亦必如此，因为语体文的内容，不能以现在口中所有者为限，势必侵入前所谓乙种文的范围，内容既相干涉，语言自不能分离，所以全不了解文言，语体文亦势难真懂，而且词、句、顺序及习惯等，都系相承而变，有许多地方，语体文的所以然，即在于文言之中，懂了文言，对于语体亦更易了解。

（2）以美术方面论，文言、语体，本不是绝对分离的。文言文的渐变，未尝不采取口语的杼轴，同理，作语体文的，自亦可将文言的美点，融化于白话之中。

（3）以实用论，文言文有一优点，即辞简单而意反确定。语体文有时辞冗赘而意转不免游移。此点，作较谨严的语体文的，不能不求其文言化，而欲语体文之能文言化，其人必须能略通文言。

（4）古书文义有艰深的，后人并不以之为法，普通所取法的，都是很平易的。从前曾有人说："《论语》《孟子》，较之现行文言的教科书，难解之处究安在？"这句话，不能不承认它有相当的正确性，所以以文言文为难学，有时只是耳食之谈。

（5）凡文学能引起学习的兴趣的，必是很富于美术性的。在这一点上，家弦户诵的古书，较近人所作浅薄无味的文字，其价值之高下，不可以道里计。

凡学问，皆贵先难而后获，文学尤甚。因为较后的语文，其根源，都在较早时期的语文之内，所以学文言文的，顺流而下易，沿流溯源难。苟非受教育时间极短之人，先读古书，反觉事半功倍，试观通语体文者，多不能通文言文；通文言文者，则无不能通语体文，从未闻另要学习，即其铁证。所以我所说的研究方法，实在是前所说的第（2）、第（3）两种人共同必由的途径。

六　过去选本的毛病及今日选本的准则

所以在学校未兴以前，研究国文的人所采取的材料，大致并不算错，但其教授的方法，则是不大高明的。这一点，在他们所评选的文章中即可看出。

从前的文章选本，亦不是全没有好的，如姚姬传所选《古文辞类纂》、曾涤生所选《经史百家杂钞》之类都是。但此等并不能开示初学，因为无注而其评亦极少，其评又非为初学说法。至于供给初学用的，如《古文观止》，即好一点的如《古文翼》等类，大都是看不得的，我也不是一笔抹杀，说其中全无好处，然其中有许多坏处，确足以使人误入歧途的。

从前人的评文，为什么会有这种毛病呢？这可以归咎于科举。科举实在就是现在的文官考试，因为官有定额，科举取中的人，亦不得不有定额，定额少而应举的人多，在几篇文字之中，凭你高才博学，也不会有特异于人之处的。士子为求录取起见，乃将其文章作得怪怪奇奇，希冀引人注目，考官因各卷程度大略相等，无法决定去取，乃将题目加难，希望不合格的卷子加多。作始也简，将毕也巨，到后来，题目遂至不通。题目而至于不通，则本无文章可作，然又非作不可，就生出许多非法之法来了。此等弊病，固由来已久，然至明清之世，八股文之体出而更甚，现在试举两个实例：（1）所谓大题，如以《论语》的《学而》全篇命题，此篇共有十六章，就该有十六个道理，然作八股文，是不许分作十六项说的，必须将十六项合成一气，而又不能依据事理，按这十六章公共的道理立说，而必须顾及这十六章的字面等等，试问此等文字，果何从作起呢？（2）所谓小题，有截上、截下、截上下、截搭等种种名目。譬如我从前应考时所作的一个题目，叫作"必先"，乃将《孟子》"故天之将降大任于是人也，必先苦其心志，劳其筋骨，饿其体肤，空乏其身，行拂乱其所为，所以动心忍性，增益其所不能"上下文都截去，而只剩"必先"两字，此即所谓截上下题。因其实无意义，亦谓之虚题。虚题本来无话可说，然即实题，也有无话可说的，如以一个人名命题之类，此等题目，称为枯窘题，即无话可说之谓。无话可说，而强要说话，就不得不生出许多非法之法来了。科举的本意，原想借所考的文章，以看出应考人的学识，但到后来，往往作应举的文章，另成为一件事，并无学问的人，经过一定的学习，也可以作得出来。真有学问的人，如其未经学习，反而无从作起，所以科举时代，所谓科举之士，大都固陋不堪，本其所见以论文，自然要有许多荒谬之论了。

他们最大的弊病，在于不真实。不真实之病，起于（1）作无话可说的题目，而硬要寻话说；（2）本来有话可说的，亦不肯依据道理，如实说述，而硬要更寻新奇的话。于是不得不无中生有，不得不有意歪曲，所以从前学作八股文的人，是终日在想法子造谣言、说谎话的（八股文作得好的人，也有能切实说理的，然此乃学问已成后的事，初学时总不免此弊。而且无论如何学问好的人，要作无话可说的题目，也总不免于瞎扯），这不但破坏文体，而且还坏人心术。他们所批评的文章，就可想而知了。譬如《史记菁华录》，在从前，也算一部有名的选本，其中如《项羽本纪》，记项羽溃围南出时，"至阴陵，迷失道，问一田父，田父绐曰左。左，乃陷大泽中"。后来项王要东渡乌江，"乌江亭长檥船待"。他说这一个田父、一个亭长，都是汉人有意所设，此乃作《三国演义》《水浒传》等人的见解，以之说平话则动听，如何可以论文？如何可以论史？更可笑的，《滑稽列传》说优孟"为孙叔敖衣冠，抵掌谈语，岁余，像孙叔敖，楚王左右不能别也。庄王置酒，优孟前为寿，庄王大惊，以为孙叔敖复生，欲以为相，优孟曰请归与妇计之，三日而为相，庄王许之，三日后，优孟复来，王曰：妇言谓何？孟曰：妇言慎无为，楚相不足为也。如孙叔敖之为楚相，尽忠为廉以治楚，楚王得以霸，今死，其子无立锥之地，贫困，负薪以自饮食，必如孙叔敖，不如自杀。因歌曰：山居耕田苦，难以得食，起而为吏，身贪鄙者余财，不顾耻辱，身死家室富，又恐受赇枉法为奸触大罪，身死而家灭，贪吏安可为也。念为廉吏奉法守职，竟死不取为非，廉吏安可为也？楚相孙叔敖，持廉至死，方今妻子穷困，负薪而食，不足为也。于是庄王谢优孟，乃召孙叔敖子，封之寝丘四百户以奉其祀"。此中庄王大惊之庄王，乃优人所扮，并非真正的庄王。小学生细心读书的，亦可以懂得。乃作《史记菁华录》的人，在"欲以为相"下批四个字道："必无其事。"他的意思以为是太史公有意求奇，乃妄造这一段故实的。照他们的意思，只要作得成文章，作出来的文章，而合乎他们的所谓好，造谣、撒谎是无所不可的。这真是天下的奇谈，也是天下的笑话。这固然是极端的例，然昔人对于文字的批评坐此弊的，正是不少。譬如明知不合理，连自己也知道其不合理的话，却有意歪曲着说，然而昔时的批评家，仍可称之曰翻案文章，加以赞美，诸如此类，不胜枚举。现在八股久已废了，然怀抱此等见解的人，却还没有全过去，后一批的人，则其衣钵，多所受之于此一批人，所以现在所谓懂得古典主义的文学家的批评，多数还不免此弊，不可不引以为戒。

现行的供给初学看的选本，都是明清两代八股法既兴后之作，其中虽不无可取之处，然此等弊病，是触处都是的，初学很多为其所误，程度高的人，倒又无须此等书了，所以其物几可废弃。

真正给初学者看的批评，该遵守下列的条件。

（1）根据文章本身的条理，加以剖析，说明其好处，若有疵累，亦不隐讳，尤其是古今异宜之处，须要尽量指陈。

（2）文字的内容，有非短时间参考所能得的，必须为简要切实的说明，以读者能了解此文之内容为度。如王介甫、苏子瞻均有上皇帝书，其内容，关涉宋代政治制度处都很多，断非短时间参考所能得。然对于此项制度，而无相当的了解，对于这两篇文章，亦就不会明白了。

（3）文章的内容如此，形式方面亦然，训诂、名物及语法等，有非短时间参考所能明了的，务必为之说明。如字法、句法的不同，有时涉及古书全体的义例问题，即其一例。

（4）较高深的问题，如源流、体制等，可察看学者的程度，能懂者告之，不能者不必。偶有过高之论，为学者所不能懂，亦无妨。因为目前虽不懂，将来总是可以懂得的。在此等情形之下，最要者为不懂则置之，徐俟其自悟，切戒穿凿求通，一穿凿，就入于歧途了。尤其紧要的是高深之理，虽可出以通俗之辞，使人易悟，然仍以不失真相为主。过求通俗以致失其真相，变成不知道什么话，这是最要不得的。

以上所论，是讲解批评文字的正轨，固然平淡无奇，然能够合此标准的，也已经不多了。

七　看、读、作是学好国文的基本功

至于自己用功，不外乎看、读、作三项。

此中看、读自然较作为要。因为必先经过看、读，方才能作。看、读实在还是一事。我们看书时，虽然自己不觉得在念，其实是无不默念的，前文已说过了。看与念，只有程度上的差别，并无性质上的差别。所不同者，则普通所谓读，乃是将一篇文章，反复念多少遍，看则不过走马看花而已，一则分量少而用力深，一则用力浅而所涉广，此二者之中，看实尤要于读，因为要求悟入，总是利于从多中捞摸的。

现在有一种人，在看、读二者中更重视"读"，这是拘泥于从前的教法，而不知变通。从前的教法，读"四书五经"的，大致是六岁到十五岁的孩子。他们对于经书，根本看不懂，教者（1）既欲其应科举，而必教之以"四书五经"，（2）又因考试功令，本是不准携带书籍的，题目出处，不能不知，于是"四书五经"，非将本文熟读不可，不能以看过明白为已足；（3）而此时的学生，年龄幼稚，能力有限，不但自己不能多看书，即分量较多的书讲给他们听，亦苦难于领受；指定一段书，使其反复熟读，却是比较可能的。以此三因熟读遂为旧时惟一的教法。

现在的情形，不是如此，这是显而易见的，我也不是说现在学习文章，全然不要熟读，然初不必如昔日之拘，而且远不如多看的重要。还有一层，教师选授的文章，和学生熟读的文章，可以不必一致的。因为文章各有心得，教师有心得，讲得最好的，不一定是学生所最喜欢的。讲授本不过举隅。天下的文章，哪里讲得尽？所以举示学生的范围宜较广，听其于一定的范围内活动。所谓熟读，并不要照昔时私塾的样子，读得能够背诵，不过对自己所爱好的文章，特别多读几遍，时时加以讽咏而已。其篇目亦无一定，不过大致宜在古今第一流作品之中。而人的好恶，虽若不齐，实亦大同小异，听其自择，自亦不会轶出此较宽的范围的。

至于作，则最要之义，为待其自动，看、读得多了，自然有一种勃不可遏之境。在这时候，虽欲使之不作而不可得。教者只须迎机略加指正就够。我们的说话，固然是一句一句逐渐学会的，然而都是到会说了，不能不说的时候，才说出来的，从没有人当我们还没有会说话的时候，强迫着我们说，如其在这时候而强迫着说，只会把话说坏了，决不会收速成之效的。从前教国文的人，每以令学生"早开业"为戒，其原理就在乎此。

选自《吕思勉遗文集》，华东师范大学出版社1997年版

国文杂谈

一 论文史

甲

近来刘大杰先生写信给我，颇叹息于青年肯留意于文史者太少，这确亦是一个问题。

文学，即旧日所谓辞章之学，讲朴学和经世之学的人，本都有些瞧它不起，以为浮华无实。这也不免于一偏，但他们不过不愿意尽力于文学而已，对于旧书的文义，是能够切实了解的，现在就很难说了。还记得二十余年前，章行严先生说过一句话：现在的文字，只要风格两样一些，就没有人能懂得了。这句话，确使人闻之痛心。

所谓风格，直捷些说，就是俗话所谓神气。我们对于一个人的意思的了解，不但是听他说话，还要领略他的声音、笑貌等等，文字就是语言的扩大，然这些辅助的条件都没有了，所以其了解要难些。然于文字不能确实了解，即不能得作者的真意。所以要了解旧书，旧文学不能没有相当的程度。

对于旧书，喜新的人，或者以为不值得留意。但它毕竟是材料的一部分；比外国的材料，还要亲切些，这如何能够不留意呢？

乙

说到本国的材料，比来自外国的要亲切一些，就可因文而及于史了。我现在且随意举几个例，如：（1）外国人有肯挺身作证的风气，所以其定案不一定要用口供，中国就颇难说了。任何罪案，在团体较小，风气诚朴，又法律即本于习惯之时，罪名的有无轻重，本来可取决于公议。《礼记·王制》篇说："疑狱泛与众共之。"还是这种制度的一个遗迹。外国大概和这风气相去还近，所以能有陪审制度，中国又较难说了。举此两端，即可见中国研究法学的人，不能但凭外国材料。（2）又如农民，大都缺乏资本，不能无借于借贷。王安石的青苗法，现在大家都知道其立意之善了，然其办法不甚合宜，也是不能为讳的。其最大的病根，即在以州县主其事。人民与官不亲，本金遂借不出去，而官吏又欲以多放为功，遂至弊窦丛生。现在的农贷，主其事者为农民银行，与其人民隔绝，自不致如地方官之甚，然其于地方情形的不熟悉，亦与官吏相去无几，至少在他初办时是如此，然亦欲以多放为功，就有土豪劣绅，蒙蔽银行，伪组合作社，以低利借进，以高利转借给农民等的弊窦了。他如现在的游击队，固然和从前的团练不同物，然其理亦未尝无相通之处。又如复员，战士或者要归耕，其事亦非今日始有。此等处，本国已往的情形，亦必较外国的材料，更为亲切。大家都知道研究外国学问，不可不先通其语文，如何研究中国材料，对于本国文字，反而不求甚解呢？

丙

文字是要经长久使用，然后才会精深的，这是因为语言和文化，每相伴而发达。金世宗是民族成见最深的人，他不愿女真人和中国同化，于是竭力提倡女真文字，以之开科，以之设学。然他深病女真文字，不如中国的精深，曾以此意问其臣下。有一个对道：再多用些时候，自然要精深些。这话亦颇含真理。从前有个学生留学德国，一次有个德国人问他道：你看法文与德文孰难？他说：法文似乎要难些。这个德国人大为不悦，和他力辩，说德文并不容易，这事见于二十年前《时报》的欧洲通信上。此时语体文初兴，这位通讯员说："现在一班人还敢以难深为中国文字之病么？"案文字要求通俗易解，亦自有一种道理，这位通讯员的话，也未免于一偏。然要通俗易解是一事，要传达精深的学术，亦是一事，这位通讯员的话，亦代表一方面的真理。

要研究中国学问，必须要看古书，这和要研究外国学问，必须读其名家专著一样，单读些近来人所著的书籍，是无用的。因为著书者必有其所悬拟的读者。近人所著的书，非不条理明备，语言朗畅，而且都站在现在的立场上说话，绝无背时之病。然其所悬拟的读者，大都是普通人，其标准较低，极精深的见解，不知不觉，遂被删弃。终身读此等书，遂无由和最大的思想家最高的思想接触。若昔人所著的书，但求藏之名山，传之其人者，则多并不求普通人的了解，所以其内容虽极驳杂，而精深处自不可掩。

这亦是治中国学问者对于本国文字不能不有相当程度的原因。

文史本是两种学问。但在今日研究史学，而欲求材料于中国的旧史，则和文学关系殊深。这原不是史学一门，一切学问，要利用中国的旧材料，都是如此的。但是史部中材料特别多，所以其关系也更密切罢了。

二　人工与天籁

一切事物，最美的总是自然的，人工做出来的，无论如何精巧，总不免矫揉造作，有些斧凿的痕迹，所以论文要以天籁为贵。天籁是文人学士，穷老尽气所不能到的，因为这不是可以用工力的事啊！姑以四首民歌为例。"高田水，低田流。伯母叔母当曙上高楼。高楼上，好望江。望见江心渡丽娘"，在表面上看起来，只是叙事，然而所适非人之意，已寓乎其中，此即古人之所谓比兴。比兴之所以可贵，乃因其意在此而言在彼，可以避免直接的过分的刺激，而且能引起丰富的想象。此义原非诗人所不知，后世的论诗，也贵寓言情于写景，而不贵直率言情，就是为此。然而文人学士作起来，能如此之自然么？这就是天籁和人籁之别。"头上金钗十八对，脚下花鞋廿四双。金漆笼，银漆箱。青丝带，藕丝裳"，读来觉得非常绮丽，然而极其明白易解，绝不要用什么字眼、古典涂泽，此乃所谓不着色之艳。只有不着色之艳，浓淡能恰到好处。用字眼、古典涂泽，好的也不免失之太浓，有意求声希味淡，又不免失之太淡了，这也是人籁不及天籁之处。"问鸳鸯"以下，音节突然短促。凡是短促的音节，总是含有悲愤凄楚之意的。此调用于此处，恰甚适宜，这也是天籁。有一位化学家对我说："中国文字的程度低极了，万万不够用的。"我问他："何以见得？"他说："即以颜色字论。现在的颜色，奚翅数百千种？中国却只有青、黄、赤、白、黑等几十个字，如何够用呢？"我说："你怕调查错了古话了罢？要晓得中国的颜色字，共有几个，是不能专据字书的，请你到绸缎铺子里去看看有许多颜色字，单看字书，是不会知道它有颜色的意义的。如妃字湖字即是。"他说："虽然如此，比外国还少得多。"我说："这是由于中国的颜色比外国少，不是语言的贫乏。倘使有新的颜色产生，或者输入，中国人自然会替它造出新名词来，用不着你着急。"他的意思，到底不很信。从前有一个人，对一位英国的贵妇人说："伦敦人头发的总茎数，一定比世界上的总人数为多。"贵妇人虽不能驳他，却总不很相信。这位化学家，也未免有些像这位伦敦的贵妇人了。这些旁文，且不必说它。"藕丝裳"的"藕"字，在古典主义的文学中，就不能用作颜色字。如其用之，那也是参用白话的，决不是严格的古典主义文学。遇到此等情形，自然的口头话，作古典主义文章的人，就不能说；要说，也要遵守许多规律，不能自然地说了；这是天籁、人籁之所由分。第二首中，"咸鱼腊肉不见面，苦珠蚕豆当干粮"，咸鱼、腊肉是两种实物，苦珠却无其物，只是用来形容蚕豆的，两物还只是一物。用文人的格律评论起来，一定要说对得不匀称了。然而读起来绝不觉其不匀称，这亦是天籁的自然之妙。可见得文人学士的格律，有些是自寻窄路的。诗的好处，全在乎怨而不怒。一怒就伧父气了。"长竹枪，枪枪起，枪脱媒婆脚蹠底；短竹枪，枪枪出，枪破媒婆背脊骨"；可谓怨毒之于人甚矣哉；然而读来仍觉其怨而不怒。这是因为竹枪并不是杀人的凶器，而只是小孩的玩具。用竹枪去刺人，根本只是小孩儿无意识的话，听来并不使人精神紧张，而反觉得有些滑稽的意味，就不致有累美感了。这也是言语自然之妙。

第三、四首，都是无所指的，可以随意解释的。第四首显而易见，无待辞说。第三首，若用旧时说诗的法子说起来，"丁丁头，起高楼"，我们可以说：喻自处之洁也。"高楼上，织丝绸"，喻靖献之勤也。"丝绸织得三丈八"，而不过"送去哥哥做双袜"，卑以自牧也。"哥哥自有黄金带，嫂嫂自有縐罗裙"，送去做袜的丝绸，必不见省录矣。疾君之蔽于亲昵，不察疏远之行也。"縐罗裙上一对鹤，鹤来鹤去鹤到丈母家。丈母床上红绫被，阿姨床上牡丹花"，伤君为近习所蔽，耽于游乐，失其威仪也。如此解释，固然决非作者的意思，然而在君主时代，行吟泽畔的孤臣，却不能禁其不作如是想，此即所谓诵义。于此，可以知道《小序》致误之原。缘古人好谈政治，歌谣本不关政治的，念到他们的口里，都发生出政治上的意义来。一变，就说作诗的人也是如此，把诵义变成了作义。再一变，就把什么人为什么事而作等等，都附会上去了。所以致误总是逐渐的，非一朝一夕之故。

有人说："你既赞成天籁，天籁是要使用口语的，为什么你又不赞成白话诗呢？"殊不知诗是源于歌谣的，歌谣和普通的语言，根本是两物，不是一物。现在的白话诗，只是语言的调儿啴缓一些的，根本只是散文，至多有些像赋，决不会发达而成为诗。把它和民歌比较，就显然可见。现在的民歌，和二千多年前的乐府，还显然无甚异同，可见得一个民族，口中歌唱的调儿变革之难。老实说：倘无外来的新物事搀入，怕其变化的速度，要缓慢得出乎想象之外的。几千年的时间，真算不得什么。中国人歌唱的调儿，只有诗到词是一变（词之仍原于诗者除外），曲和词还只是一物。词的来路，乃是外国音乐的输入。外国的音乐，其根本，就是外国人所歌唱的调儿。现在外国的音乐，为中国向所未有的，正在逐渐输入，新诗体自有产生的可能，不过现在提倡新诗的人所走的，却不是创造诗体的路。

文人学士所作的诗，虽然把天籁失掉了，却亦有其不可掩之美。其一是精工。这是代表人工美的，恰与天然美对峙。其二是诗境的扩大。即歌谣中所不曾有的意思、未说及的事物，它都有了，这不能不说是技术上的进步。所以文人的功力，也不是白花的。不过话太说得尽了，就觉其意味浅薄，因为所刺激起的想象少了。雕琢过于精工，亦不免要因此而牺牲真意。西昆体和江西派的诗，终落第二义；近代人竞学宋诗，到底无甚意味，而如何莲舫、易实甫一类的诗，更其要不得，就是为此。

虽然如此，歌谣也并不都是好的，尽有庸劣无味的，甚而至于有恶浊的。这是因为歌是大众作品，大众之中，未尝无鄙夫伧夫之故。于此，知《史记·孔子世家》说古者诗三千余篇，孔子删取其三百五篇，并无甚可疑之处。古人好举成数，估计起来，觉得百位还嫌其小，而要进到千位，就说一个千字；以千位计，还觉得其不止一数，就加上含有多数意义的三字，而说三千。民歌本是重重复复的，古诗自然也是如此，所以《史记》也说孔子

"去其重"。假使把现在的民歌，统统钞出来给我看，我也一定要把它删过一番的。至于重复的应该除去，那更无待于言了。所以孔子删诗之说，实无可疑，后人所以怀疑，乃因拘于要向古书中去搜集佚诗，而未一察当前的事实。现在的报纸中，也时时载有民歌，我总觉得好的很少。却记得清末，大约是丁未、戊申、己酉三年之间，《时报》曾载有各地方的歌谣，好的却极多。现在《时报》是停刊了，总还有藏着旧报的人，倘能把它钞集起来，印成一本，倒也是文艺界一件盛事。

三　修习国文之简易法

数年来，学校学生，国文之成绩，日益退步。此非诽毁学校者之私言，凡从事学校事业者，咸莫能为之讳也。夫国文成绩之不善，其弊有三：

一不能高尚其感情，无以为进德之助也。近人有言：宋儒之言道德，校之汉儒纯粹，奚翅倍蓰。然汉世，所在犹多至行，而学宋儒者，多不免为乡愿，是何也？曰：进德以情不以智，汉世所传经籍，多文章尔雅，便于讽诵，学者日寻省焉，则身入其中，与之俱化而不自知。宋儒理学之书，则无此效力也。此其言深有契于善美合一之旨，实为言进德者所不能外。然则欲高尚其感情，以纯洁其道德者，舍厌饫乎诗书之林，游心乎仁义之源，复何道之从哉？然国文程度不足者，则无从达此目的也。

二不能通知国粹，无以为中国之人。国必有其国性，则为国民者，亦必有其国民性焉。必如何而后可称为中国之士君子，此其道不一端，而通知国粹，其最要者矣。吾非谓通知国粹，遂可排斥世界之新学问也。不通知世界之新学问者，其于国粹，亦必不能了解，此何待言。然既为中国之人，则必不可不通知中国之国粹；苟不通知中国之国粹，则于世界之新学问，亦必不能深造。即能深造焉，而亦必不能成其为中国之士君子，此则有识者所同认矣。而欲通知国粹，则又非国文程度不足者，所能有事也。

三无以磨炼智力，各种学问，皆不能深造也。闻之训练兵士者言，识字之兵，校之不识字之兵成绩之善必倍，管理工厂者之于工人亦云然。夫兵士及工人，其所读之书，亦至有限耳，岂真随时随地皆能得其用哉？非也。吾人之言语，本有普通及高等之殊，通常所使用之言语，普通言语也，文字则高等言语也。仅通口语之人，犹之仅通普通语，仅克与农夫野老相周旋，能通文字之人，则犹之能通高等语，日与学士大夫相晋接，其识解论议不期其进步而自然进步矣。学校学生，国文成绩优长者，他种科学之成绩亦必较优长，职此之由。

国文一科，关系之重大如此。然今之学生，其国文之成绩，顾日见退步，此岂良现象哉。然则其原因果何在乎？曰：亦未得其修习之法而已。

夫文字犹语言也。心有感想，发之于口，则为语言；笔之于书，则成文字。是文字之与语言，本一而二，二而一者也。若是，则能通语言者，宜即为能通文字之人。（但多一识字之劳耳。）然今顾不能然者，则以语言文字迁变殊途，迄今日已不能合一也。然二者其流虽异，其源则同。故修习文字之法，究与修习语言无异。今试问修习语言，舍多听、多试谈外，尚有他策否？则修习文字，舍多读、多看、多作外，亦决无他策，审矣。而三者之中，多读、多看，实为尤要，读与看，所以代听也。作，所以代试谈也。人于言语，苟能多听，自不患其不能谈话。而不然者，虽日事试谈，无益也。今之学生，或汲汲于研究文法，或孜孜焉择题试作，而于多读、多看二者，卒莫肯措意。此其所以肄习虽勤，进步卒尠也。

或曰：今兹学校，科目繁多，安能如昔日之私塾，舍弃科学，日夕咕哔，以从事于国文？是诚然也。虽然，欲求国文之进步，果须如昔日之私塾，舍弃各种科学，以日夕从事于咕哔乎？不能无疑。吾则谓今日学生，诚未能于多读多看二者加之意。苟其能之，亦进锐退速，未能持之以恒耳。不然，其国文未有不进步者也。

…………

不自咎其修习之不力，而顾归咎于吾国文字之难通，不亦惧乎？

往尝恨我国文字选本虽多，然适合于中小学生自修之用者绝鲜。尝欲发愤评选一编，其体例，取其（1）按年递进，适合于中小学生之程度，而其分量亦适合；（2）其文字，不病其艰深，然足以指示我国文学之源流及门径，而不嫌其陋；（3）评注精详，俾读者得了然于文字之义法，且无于实质方面不能索解之苦。以卒卒寡暇，未为也。若深通文字而又洞明教育原理之士，有能就此一编者，于学生文学之进步，所关必非浅鲜，可预决也。然天下事贵乎力行，赖人之指导尚在其次。今之学生，苟能如吾向者所述之法以修习国文，则任何选本取而读之，固均无不可耳。

四　国文教学贡疑

某君对我说："现在学校的教授国文，殊不得法，因为他们既不肯放弃，又不能深入。依我看：不研究旧文学则已，既研究，就要求其深入，多用功，多读书，否则不如其已，省些功夫下来，用在别种科学上。把现在拘文牵义的见解，一扫而空。行文老实以口语为主，写在纸上，就成文字。各人所治的学术不同，所就的职业不同，有些人，是终身得不到旧文学之用的，而似通非通的旧文学，亦决无用处。选读数十百篇古文，摘讲若干章《论语》《孟子》，若干段《左传》……其结果还是和不读一样，功力真是浪费。"

这一段话，我深表同情。古语虽不如外国语之难学，然因时间相暌隔，学起来，毕竟亦有相当的困难。真通古语的人，必能径以古语为其思想之表象，不必要译成今语。如此，读古书才能真通；作古典文也才能真通。此其原因，一半由于个性，一半亦由于生活。在科举时代，读书的人所读的全是古文。其结果，大多数人还是不通。所以我们现在，虽不必像欧洲人，于希腊文、罗马文之外，别造出新的民族文学来，然把现代语和古语分开，把学习古语视为专门之业，这种道理，是不能不要求大家都了解的。若能如此，则现在所谓"写别字"、"用错字眼"、"句法不通"、见了极普通的古典成语而不懂，大家以为笑柄的，根本不成问题。因为超出乎口语的范围以外，根本非多数人所该通。如此，所作的文字中，不过搀杂古文的成分减少些而已。其

264

内容的精湛，还是会随着其学识而进步的。文学的趣味，亦仍能随口语而发挥尽致，不过见解陈腐的人，看得不太入目而已。世界总是进化的。这是决不该也决不能以少数人的偏见而阻遏的。但教授国文，却不大容易了。句法、篇法，会说话时早已学得，亦即随其说话的进步而进步，根本不大要学。只要把现代文字，选好的给他看看，大略讲讲，写出来的文字，只要替他略为修整即可。除掉低能的人，决不会作出全然不通的文字来。这正所谓"师逸而功倍"。而如现在的所为，则不啻"师勤而功半"。所以并非国文难学，只是国文的教学法太陈旧了。

人们意见的陈旧，有些地方，是着实可惊的。如到现在，还要维持毛笔，反对钢笔，便是其一端。我在战前，以一元半法币，买了一枝自来水笔。二十六年（1937年）十月九日，佩在身上，跑到孤岛来，到现在，已近四年了。虽已不成其为自来水笔，然蘸了墨水仍可写。这枝笔，我在战前，已用过相当的时间了。假使能用五年，则每年所费，不过三角，而用毛笔，则在战前之价，是每月一元，其相去为四十倍。毛笔诚有其优点及特殊的用途，非钢笔所能代，然大都是有闲阶级才要用、才能用的。非毛笔不能作成，或虽作成而不能优美的作品，大多数人，本来无缘享受，此乃眼前铁一般的事实，岂能否认？以极烦难的手工制品与机器所制之品竞其价廉，以毛和麻与金属材料的笔头竞其经久，何异夸父逐日？若说"这是优美的，值得保存的"，则现在有这优裕的生活么？如德国，如苏联，甚至现在还在隔岸观火的美国，岂能放下武器的制造，而从事于制造美术工具呢？况且毛笔写的字，只是美术品的一种，焉知用别种工具不能造成有同样价值的美术品？秦以前的古文籀篆，均非毛笔所书，何以后人亦视为美术品呢？

有人说："读外国书要通外文，不能靠翻译，读中国古书，岂能反靠翻译？"这是不错的，但要承认这句话，先得承认古书为人人所必读而后可。这本非事实所能，已如前文所述，而亦非事实所必要。以为必要的人，不过以为"做人的道理""立国的精神"，都在古书里，所以不可不读。其实此二者是当受最新的学术指导的。读古书，我们不能否认其有相当的好处，亦不能否认其有相当的害处。甚至两者比较起来，中毒的副作用，还较营养成分略多。此理甚长，当别论。

本文是原载于1916年2月《中华学生界》第2卷第2期、1941年《文林》月刊第3期、1941年11月《中美日报》和1945年11月《知识》杂志第5期部分内容的合编，标题为编者所加